24 H
DANS LE CERVEAU
DE VOTRE ENFANT

Direction de la publication : Isabelle Jeuge-Maynart et Ghislaine Stora
Direction éditoriale : Élodie Bourdon
Édition : Mélissa Lagrange
Conception de la couverture : Olo éditions
Conception de la maquette intérieure : Florian Hue
Mise en pages : Nord Compo
Préparation de copie : David Lerozier
Relecture : Céline Haimé
Fabrication : Émilie Mortier

ISBN : 978-2-03-596169-3

Erwan Deveze

24H DANS LE CERVEAU DE VOTRE ENFANT

LAROUSSE

À mes deux enfants, Massimo et Léa,
que j'aime passionnément.
À mon frère Jean-Marc, si loin, si près.
À ma maman et sa précieuse génétique.
À mon improbable vie, âpre,
joueuse et pleine de promesses.

Sommaire

PRÉAMBULE

Les neurosciences vivent actuellement leur âge d'or. Mieux comprendre notre cerveau et son fonctionnement est un immense défi et un plaisir infini, avec une certitude enthousiasmante, le meilleur est à venir... Les résultats d'études tombent chaque jour du monde entier, validant certaines hypothèses, en invalidant d'autres, remettant en cause nos croyances passées, découvrant de nouvelles perspectives, ouvrant de nouveaux espoirs. L'aventure est exaltante, passionnante, fascinante. Ce cerveau, c'est vraiment le pied !

Chaque jour est un nouveau jour. On se lève en se disant que l'on ne sait au fond pas grand-chose et on se remet à sa table de travail avec ardeur... On lit, on écoute, on teste, on téléphone, on envoie des mails, des SMS pour tenter de mieux décrypter ce fichu cerveau à la fois si universel et individuel, ce qui n'est pas le moindre de ses paradoxes. Si nous avons tous anatomiquement plus ou moins le même cerveau, pas deux en effet ne fonctionnent à l'identique, allez comprendre... Dans ces conditions, il faut une sacrée dose de folie douce pour être chercheur en neurosciences, tant il y a quelque chose d'irréel dans le fait d'imaginer que la nature ait pu élaborer un tel joyau de complexité d'à peine plus d'un kilo. Comment cela a-t-il pu être possible ? Cela défie la raison.

Beaucoup s'imaginent que les neurosciences sont réservées à une élite intellectuelle façon bac + 15 perdue au fin fond de ses laboratoires, une caste certes sympathique mais totalement éloignée des réalités de notre petit monde. Beaucoup se disent que l'intérêt de développer une meilleure compréhension du cerveau est un exercice de haute voltige intellectuelle purement théorique sans réelle application concrète. Certains d'entre vous le pensent peut-être encore d'ailleurs en ouvrant ce livre. Eh bien, c'est en fait exactement l'inverse. Les neurosciences, c'est la vie, c'est votre vie ! Les neurosciences, c'est vouloir comprendre pourquoi et comment vous aimez, vous apprenez, vous pensez, vous créez, vous ressentez du plaisir, vous partagez avec l'autre, vous rêvez, vous imaginez, vous décidez… En clair, tout ce qui remplit une vie sur terre.

Nous vivons un étrange paradoxe actuellement. D'un côté, nous sommes au tout début d'une formidable aventure de la connaissance. La recherche sur le fonctionnement cérébral, avec le concours des nouvelles technologies, va faire des progrès de géant dans les années et décennies à venir. Les perspectives sont immenses et à ce jour difficilement mesurables. De l'autre, nous savons que la connaissance déjà disponible pourrait, si elle était massivement diffusée au plus grand nombre, nous aider considérablement dans nos vies quotidiennes, tant sur le plan individuel que collectif et sociétal. Mais qu'attendons-nous ? Qu'attendons-nous pour avoir des cours de cerveau dans nos écoles, dans nos entreprises, dans nos établissements pour personnes âgées ? Comment prétendre utiliser au mieux notre cerveau alors que nous ignorons tout ou presque de son fonctionnement ? Je suis le meilleur exemple, ou le pire c'est selon, de cet étonnant refus de la connaissance puisqu'il m'a fallu une lésion au cerveau pour, contraint et forcé, m'y mettre. Et cela a changé ma vie. De fond en comble. Alors, de grâce, ne soyez pas aussi idiot que moi, intéressez-vous à votre cerveau par curiosité et intérêt avant de devoir le faire par obligation.

Faire partager cette nouvelle connaissance est la raison d'être de ce livre. Et ce, dans un seul objectif : vous être utile. Et parce que rien n'est plus précieux que nos enfants, les nôtres et ceux des autres, ce livre leur est entièrement consacré. Que se passe-t-il dans la tête de nos petites têtes blondes ? Comment se développent-ils au niveau cérébral ? Comment apprennent-ils ? Comment aiment-ils ? Comment nous, parents ou professionnels de l'enfance, pouvons agir au mieux pour les aider à grandir et à progresser afin qu'ils soient les plus heureux et épanouis possible ?

Tant de questions si essentielles sur lesquelles les neurosciences ont beaucoup à dire, en complément des autres disciplines majeures que sont la pédagogie, la psychologie, la philosophie, la sociologie, la médecine générale, etc. Sachant, il faut le dire et le redire, qu'il ne s'agit pas ici de faire du scientisme en réduisant la compréhension de l'enfant à de simples clichés IRM. Les neurosciences apportent de nouveaux éléments de compréhension, utilisons-les et confrontons-les joyeusement aux autres données déjà connues, sans arrogance ni esprit clanique. Sans doute est-ce le plus court chemin pour nous rapprocher de la vérité…

Pour vous convaincre de l'incroyable intérêt d'intégrer les connaissances des neurosciences dans l'éducation de vos enfants, nous nous sommes dit qu'il fallait impérativement partir de votre vie courante et de votre quotidien. Aussi l'idée est-elle naturellement venue de vous raconter l'histoire de cette famille recomposée comme il en existe tant et qui pourrait être la vôtre. Vous allez ainsi suivre une journée entière de Pierre, 47 ans, Samantha, sa compagne de 33 ans, et de leurs trois enfants Alex, 17 ans, Manon, 8 ans, et Nathan, 2 ans et demi. Cette journée, c'est votre vie, c'est la mienne, c'est la nôtre. En face de chaque tranche de vie de nos héros d'un jour, nous vous expliquerons, à l'aune des avancées les plus récentes en neurosciences et en psychologie, ce qui se passe concrètement dans leur cerveau, avant de vous proposer des pistes d'action pour vous mettre en mouvement. Notre objectif ? Vous aider à savourer votre vie de famille avec le plus de bonheur et de légèreté possible.

École, sommeil, alimentation, famille, copains, réseaux sociaux, addictions, apprentissages, écrans, jeux vidéo, sexualité… nous allons passer au crible tout ce qui remplit la vie de nos enfants. Un programme dense ! Mais attention, ce livre n'est pas un recueil de recettes miracles, car chaque cerveau est unique et cela se saurait si des méthodes toutes faites et efficaces existaient pour tous les enfants en toutes circonstances.

24 heures dans le cerveau de votre enfant est un ouvrage accessible et ludique qui fait humblement le pari de la connaissance, de la compréhension et de l'action, sans jamais, nous l'espérons sincèrement, jouer ni les sachants, ni les gourous, ni les moralisateurs. On fait tous, au final, ce que l'on peut avec nos enfants, étant tantôt inspirés, tantôt un peu moins. Avec nos points forts et nos vulnérabilités. Avec nos espoirs et le poids de notre propre histoire. Avec nos réussites et nos échecs. Et avec tout notre amour inconditionnel à leur égard.

L'ambition de ce livre est simple : vous convaincre de prendre le plus grand soin du cerveau de vos enfants en vous accompagnant de façon concrète et bienveillante. Un joli projet de vie à construire ensemble en faisant le pari de la sensibilité et de l'intelligence… ou plutôt des intelligences !

Très belle lecture à toutes et à tous et vive le cerveau de nos enfants !

UNE ÉTONNANTE FAMILLE RECOMPOSÉE...

CONNAÎTRE LES ÉTAPES DU DÉVELOPPEMENT CÉRÉBRAL DE VOTRE ENFANT

Tous les enfants sont des artistes,
le problème est comment rester
un artiste une fois qu'il grandit.

Pablo Picasso

Pierre tourne, hagard, sa cuillère dans sa tasse de café posée sur la table du salon, seul, dans le silence du bout de la nuit. Il n'y a pourtant pas mis de sucre, mais le son hypnotique produit par ce geste répétitif le rassure… *Après une nuit rythmée par les insomnies, il a fini de guerre lasse par se résoudre à se lever, après s'être tourné et retourné mille fois dans son lit.* Six heures, c'est acceptable, se dit-il, le temps de lire deux-trois trucs, de préparer tranquillement le petit déj, de se doucher, de s'habiller et la petite tribu débarquera en rangs dispersés. *Pierre est un homme comme les autres. Enfin, presque. 47 ans, marié, divorcé… puis remarié alors qu'il s'était pourtant juré de ne plus y retoucher.* Passé totalement à côté de son premier mariage, il avait fini par se convaincre que cette bien étrange affaire, étonnamment si importante pour beaucoup de ses proches, n'était pas vraiment faite pour lui. *Se marier, à quoi bon ? Alors* a fortiori *se remarier… Un double non-sens.*

Pierre s'est toujours considéré comme différent, à part, atypique. Non pour se distinguer vaniteusement des autres ou par pulsion narcissique, mais tout simplement parce que la vie et le destin se sont évertués depuis toujours à l'amener vers d'improbables chemins d'ordinaire peu fréquentés. L'étrangeté de son parcours dense et heurté a nourri son inclination pour la solitude. Lorsque le monde réel lui semble, par instants, trop insincère, cynique ou sans éclat, il se réfugie alors dans son petit monde d'écriture et de musique qui *lui donne les couleurs et la vérité qui lui manquent tant. Il a mis longtemps à se construire ce territoire intime qui n'appartient qu'à lui. Il en prend soin. Et veille à ce qu'il reste inviolé. Être seul pour Pierre n'est ni subi, ni revendiqué, ni objet de souffrance, ni motif de fierté mal placée… Être seul est tout simplement un besoin naturel intrinsèque et nécessaire à son équilibre. Ni plus ni moins. Pierre s'étonne très souvent de l'incompréhension que peut faire naître chez les autres ce besoin viscéral de solitude. Sans doute celui-ci renvoie-t-il ses amis à leur propre peur de l'isolement. C'est bien le drame de notre temps que de finir par confondre solitude et isolement, se dit-il. Avant de finir son expresso sans sucre.*

Pierre n'a pourtant rien de l'ours mal léché, renfrogné et austère, bien au contraire. Sa compagnie est plutôt agréable. Il est fin, drôle, cultivé, curieux des choses et des autres, rêveur, volontiers altruiste, et farouchement engagé. Il aime la vie et celle-ci le lui rend plutôt bien dans l'ensemble. Passé maître dans l'art de brouiller les pistes, oscillant sans cesse entre un juvénile optimisme, un goût pour l'instant présent et une quête d'absolu, Pierre séduit facilement. Surtout quand il le veut, car plus les années passent et plus les efforts de séduction lui paraissent vains et synonymes de perte de temps. Pierre a conscience du temps qui passe et n'a aucunement l'intention d'aborder la seconde partie de sa vie en s'embarrassant de choses inutiles. Il s'efforce d'aller à l'essentiel, plus précisément de ce qu'il considère comme essentiel, quitte à déranger, déstabiliser ou décevoir. Le regard de l'autre n'est pas son affaire, il s'en fiche. Pierre s'attache à être en accord avec lui-même, sans jamais dire plus qu'il ne pense, ce qui lui permet de maintenir, bon gré mal gré, le bateau à flot et l'intégrité de son « je ».

Pierre a eu deux enfants de son premier mariage avec Florence, Alexandre, âgé aujourd'hui de 17 ans, et Manon, âgée de 8 ans. De sa récente union avec Samantha, sa nouvelle compagne que tout le monde appelle Sam, est né Nathan, âgé de 2 ans et demi. Pierre est fou amoureux de Sam. Ses amis n'ont aucun mal à le comprendre, et encore moins à l'envier. Sam est sublime de beauté, d'intelligence et de simplicité. Une surpuissante alchimie qui a fait fondre la totalité des neurones miroirs de Pierre dès les premiers instants de leur rencontre au hasard d'un reportage. Pierre est écrivain, Sam journaliste. Il n'était pas illogique qu'ils se rencontrent professionnellement ces deux-là. De là à partager un bout de vie ensemble, c'est une autre histoire. Pierre est autant ébloui que perplexe quand il observe Sam, blonde de 33 ans au charisme fou et à l'intelligence époustouflante. Que peut bien faire une aussi brillante et jolie femme avec lui, se demande-t-il? Il ne le saisit pas très bien et se dit qu'elle mériterait bien mieux. Non par dépréciation de ce qu'il est, Pierre a plutôt une solide estime de lui-même, mais par simple observation objective, sa « folie de la sincérité » qu'il aime tant à convoquer. Sam aurait eu à l'évidence nulle difficulté à trouver un homme plus jeune et moins entamé par la vie. Cette apparente erreur de casting ne fait pas beaucoup de doutes ni pour Pierre, ni semble-t-il pour beaucoup dans leurs entourages respectifs. Mais, si étrange que ce soit, c'est bien de lui qu'elle est tombée amoureuse, la vie a ses heureux mystères… Pierre s'en amuse. Les instants d'étonnement et de doute chez lui ont fini par s'estomper avec le temps ou, à défaut, par se mettre en sommeil. Sam est rayonnante et épanouie, plus encore depuis qu'elle est avec lui, alors à quoi bon se poser trop de questions? Surtout quand elles sont inutiles ou prématurées… La quinzaine d'années qui les séparent ne se voit d'ailleurs pas tant que cela… Enfin, pas trop. Enfin, pas encore. Et comme Sam s'en fout complètement et que Pierre s'en accommode, tout va pour le mieux. Ils sont invraisemblablement bien ensemble.

Pierre est très proche de ses enfants. Depuis toujours et pour toujours, espère-t-il secrètement. Un amour inconditionnel et entier. *Il les regarde tendrement grandir et s'ouvrir au monde. C'est un papa tantôt inspiré, tantôt maladroit, parfois désemparé ou impulsif, mais toujours bienveillant et désireux de faire leur bonheur. Il fait tout ce qu'il peut et le fait plutôt pas trop mal dans l'ensemble. Avec ses petits ratés et ses incohérences ici et là dans son rôle de père. In fine, Alex et Manon savent bien que Pierre les aime plus que tout au monde, ce qui désamorce bien des situations conflictuelles.*

Florence et Pierre se sont efforcés d'apporter à leurs enfants, malgré la situation erratique de leur couple, toute la sécurité affective dont ceux-ci avaient besoin. Chacun dans son style propre. Difficile de trouver plus opposés que ces deux-là, à se demander comment ils ont pu se marier… Alex et Manon ont, sans le savoir, ramené Pierre à son histoire et à la vie. Son chemin a été chaotique, et ce, dès sa toute petite enfance. Mais paradoxalement, et tout bien considéré, c'est un parcours au final plutôt réussi, et ce, contre toute attente. Bien plus qu'il aurait dû l'être en tous les cas dès le début de l'histoire, et c'est bien l'un de ses motifs de satisfaction, voire de fierté, un sentiment qu'il n'aime pourtant pas beaucoup. Pierre s'est joué des difficultés tel un funambule sur sa corde ne cessant jamais de laisser penser qu'il allait bien finir par tomber un jour. Sans doute l'a-t-il lui aussi pensé à deux ou trois reprises. Mais la vie en a décidé autrement et Pierre est stoïquement resté debout sur son fil ténu, mi-incrédule, mi-amusé. Le destin semble avoir fini par capituler et le prendre en sympathie après l'avoir si durement éprouvé et testé. Une improbable relation d'estime réciproque a fini par se nouer entre ces deux-là au fil des années à force de se mesurer l'un à l'autre. Pierre l'a pourtant longtemps détesté, ce foutu destin, qui s'obstinait à l'accabler et à le mettre dans les cordes à coups de décès, de maladies et de drames de toutes sortes. Ces vents contraires à répétition ont eu l'avantage d'amener Pierre à rechercher du sens à tout. Pour ne pas sombrer, dans un premier temps. Puis pour se relever et se donner une vraie raison de vivre. Et bien lui en a pris. Il est venu à son histoire en se nourrissant de l'adversité et en la sublimant. Pierre est ce que l'on peut appeler un « résilient ». Un authentique résilient.

Pour faire mentir la destinée, Pierre a très jeune pris une décision en apparence un peu mégalo : celle de faire de sa vie une œuvre d'art. Il n'y a pourtant aucune esbroufe, ni de vanité dans cette construction impressionniste laborieuse et loin d'être linéaire. Simplement de l'orgueil et la volonté de créer un chemin singulier remettant ouvertement en cause la fin tragique promise dès le début du scénario. Une œuvre d'art ou plutôt un travail d'artisan imparfait, discutable, cabossé, forgé par un engagement obstiné et courageux qui, il en a la conviction, révélera sa cohérence globale avec le temps. Et tous ses secrets aussi. Et au fond peu importe si ce n'est le cas, il aura au moins essayé, et cela suffit largement à son ambition, sinon à son bonheur. Pierre est aujourd'hui un homme heureux ou, à défaut, sérieusement en voie de l'être.

Alex est un ado de 17 ans dans toute sa splendeur. Sur courant alternatif côté études, il se dit sans illusion sur pas mal de choses, probablement plus par pression de conformité vis-à-vis de sa bande de potes que par réelle conviction ou réflexion intime. Son futur ? Il n'en sait trop rien et s'en fout un peu. Du moins en apparence. Son présent ? Il s'occupe joyeusement ici et là entre les écrans, les soirées, les filles, les jeux en ligne, le foot, les réseaux sociaux… et accessoirement les cours. Point trop n'en faut sur ce dernier aspect. Pierre tente bien de le raisonner, notamment sur un usage qu'il juge trop intensif des écrans, mais rien n'y fait. Lui-même accro aux nouvelles technos, Pierre a d'ailleurs fini par capituler face à son fils. Alex est un ado du genre charmeur, baratineur et malin, ce qui a l'avantage de le rendre tout de suite sympathique, à défaut de faire grimper ses notes. « T'inquiète, je gère… » se plaît-il à répondre, regard complice, à son père souvent inquiet du manque d'investissement et de rigueur de son fils. Pierre le dévisage alors, mi-amusé, mi-consterné, avec toujours en filigrane une infinie tendresse… Ça, pour gérer, il gère, son sacré Alexandre, à commencer par ses efforts distillés au compte-gouttes. Du travail d'orfèvre. Chi va piano va sano, on n'est jamais à l'abri d'un burn-out, Alex a de ce point de vue une marge certaine… Les déferlements hormonaux propres à l'adolescence conjugués à ce monde digital addictif et imprévisible agitent le cerveau d'Alex qui, par instants, semble bien difficile à déchiffrer… y compris pour lui-même. En dépit de son talent inné à énerver son petit monde en un temps défiant l'entendement, Alex reste un jeune homme en devenir formidablement attachant que Pierre ne se lasse pas de voir amoureusement grandir.

Manon est une toute jolie petite fille de 8 ans, aussi douée pour les études qu'énigmatique dans ses relations aux autres. Sur le plan cognitif, ça dépote avec des facultés d'apprentissage et de mémorisation hors normes. Côté émotionnel et relationnel, la situation est plus complexe. Diagnostiquée haut potentiel intellectuel (HPI), Manon se moque pas mal de savoir faire certaines choses mieux et plus rapidement que ses petit(e)s camarades. Elle ne le nie pas non plus. Elle le sait. Sans y prêter plus d'attention que cela. Être surdouée n'est ni son problème ni son sujet. Manon poursuit son petit bonhomme de chemin en prenant toujours soin de ne pas trop en apparence se démarquer des autres, tout en restant fidèle à ce qu'elle est et à ce qu'elle aime. Pas simple, car certains de ses goûts, notamment la musique classique, dérogent pour le moins à la norme ambiante. Mais elle a fini par se faire à cet exercice de contorsion intellectuelle et relationnelle qui est devenu son quotidien. En clair, elle savoure, émue aux larmes, le Concerto 23 de Mozart seule dans sa chambre, à l'abri de tous, sans le crier sur tous les toits. Et bien d'autres choses de ce genre toutes plus surprenantes les unes que les autres. Manon a incontestablement hérité de

Pierre le goût de la solitude, de l'intime et de l'introspection. Et parallèlement, elle donne le change avec une grande facilité apparente et fait preuve d'une étonnante flexibilité mentale qui lui permet de s'adapter à toute situation. Un vrai caméléon. Tantôt extravertie et enfantine, tantôt distante et perdue dans ses pensées. Elle observe, s'amuse d'un rien puis réfléchit, parfois dans la même seconde, en gardant pour elle le fruit de ses cogitations. Ça va très vite avec elle, les adultes qu'elle côtoie ont d'ailleurs souvent l'impression d'avoir trois trains de retard. Ce n'est pas toujours qu'une impression. À l'image de Meursault dans L'Étranger de Camus, Manon ne dit jamais plus qu'elle ne pense et semble elle aussi parfois atteinte de la folie de la sincérité paternelle. Non pas comme ces jeunes enfants emportés par leur naturel qui finissent par dire tout ce qui leur passe par la tête, y compris ce qu'ils ne devraient pas, mais plutôt par pure exigence personnelle et honnêteté intellectuelle – ce qui est très différent. Manon se montre souvent avare de commentaires pour se rapprocher de la vérité nue et entière. Une recherche d'absolu. Ni trop ni trop peu. Elle ne joue pas, ni avec les autres ni avec elle-même, cultivant ainsi, sans la moindre arrogance, sa propre différence. Une fascinante maturité qui tranche avec l'apparence très enfantine de son physique. Manon n'a pas vraiment d'âge en fait.

Manon a déjà expérimenté l'imprédictibilité des choses de la vie dans toute son horreur. Juste après la séparation de ses parents, Manon a perdu sa meilleure copine lorsqu'elle avait 7 ans, renversée devant elle par une voiture. De ce drame, Manon ne dit mot ou presque, mais en conserve une gravité latente évidente. Plus rien n'est comme avant depuis dans sa vie. Ce drame tend à la singulariser davantage encore. Manon est une petite enfant d'une folle densité intérieure laissant perplexes, interrogateurs et admiratifs nombre d'adultes. Qui est vraiment Manon ? Quelle trace gardera-t-elle de tout cela dans sa vie future ? Que se passe-t-il *réellement dans les profondeurs de son cerveau ? Nul ne le sait au fond, pas plus Pierre que sa mère ou ses professeurs… L'intelligence supérieure de Manon, sa surprenante maturité pour son âge et les épreuves rencontrées font d'elle une enfant à part, vivant dans un monde intérieur riche et dense qui n'appartient qu'à elle et qu'elle se garde d'ailleurs bien de partager. Malgré les huit années d'écart entre les deux enfants, celui des deux « qui gère » n'est au fond pas forcément celui que l'on croit…*

Les rapports entre Pierre et Manon se sont apaisés après une période assez chaotique due à l'arrivée tonitruante de Sam, la jeune et belle intruse. Une Sam brillantissime et amoureuse prenant d'emblée une place folle, de façon un peu trop rapide et soudaine aux yeux d'une Manon restée très fusionnelle avec sa mère. L'arrondi des formes de Sam a ensuite très vite coupé court aux derniers espoirs cachés de Manon d'une improbable réconciliation parentale. Il n'y aura désormais plus de retour en arrière possible et la très fine et analytique Manon n'eut alors d'autre choix que de se faire une raison. En bon esprit cartésien, elle se mit à peser le pour et le contre de la situation nouvelle, ce qui lui permit de conclure que Sam n'était finalement pas si mal dans le tableau comme nouvelle pièce rapportée. Avec de surcroît le plaisir inédit et non dissimulé d'avoir à pouponner un petit frère, voilà qui valait bien quelques compromis en somme ! Manon se dit, tout bien considéré, qu'elle aurait pu bien plus mal tomber et s'adapta à la nouvelle donne sans trop de difficultés. Elle décida ainsi de laisser la porte entrouverte et de faire de Sam son alliée objective, à défaut de la considérer à part entière comme une seconde mère. Un pragmatisme à toute épreuve qui ne lui pèse pas tant que cela. D'autant que ces affaires de couples et de familles recomposées, au fond, ne la concernent, ni ne l'intéressent vraiment.

Ironie de l'histoire, la différence d'âge entre Sam et Pierre n'est pas si éloignée de celle entre Sam et Alex, ce que Manon n'a pas manqué de souligner, sourire en coin, entre la poire et le fromage. Sam se situe ainsi au milieu du gué sur la ligne de front générationnelle, ce qui a l'avantage de la rapprocher des enfants sur bien des points. Pierre s'amuse de cette connivence inédite qui permet de créer une forme de cohésion au sein de la nouvelle structure familiale. Cette évolution positive le rassure sur le processus d'adoption en cours de sa nouvelle compagne par ses enfants, mais l'inquiète aussi par moments, cette solidarité générationnelle naissante soulignant de fait son âge et son potentiel décalage à venir avec le reste de sa tribu. Mais qu'importe après tout, le soulagement finit par l'emporter, on ne peut pas tout avoir, se dit-il. Tout en étant bien conscient que les années risqueront de marquer plus encore ce fossé. Pierre se garde bien de toute prédiction affective, il en connaît trop le potentiel dévastateur.

Nathan est le bébé que Pierre n'attendait pas. Mais alors vraiment pas. Devenir de nouveau père à bientôt 48 ans n'était ni dans ses projets ni dans ses désirs. Comblé d'avoir eu Alex et Manon avec Florence, la seule mais formidable réussite de leur couple, Pierre avait, avant l'arrivée de Nathan, toujours considéré les paternités tardives comme relevant de la bizarrerie, voire de l'anomalie. Un contresens biologique selon lui non sur un plan moral, mais plutôt sur un plan pratico-pratique. L'irruption de l'irrésistible Sam dans sa vie allait vite balayer toutes ses certitudes et le faire reconsidérer un certain nombre de ses croyances limitantes. Et puisque Sam ne fit pas mystère bien longtemps de sa folle envie d'avoir un enfant avec le futur quinquagénaire dont elle était tombée amoureuse, Pierre n'eut d'autre choix que de bouger les lignes vite fait bien fait sur ce sujet pour éviter de se retrouver en dissonance cognitive… et accessoirement de perdre la jeune femme époustouflante s'endormant chaque soir dans ses bras. Réflexion et révolution culturelle faites, Pierre conclut, un beau matin devant sa glace de salle de bain en sortant de sa douche, qu'il était, tout bien considéré, finalement fort possible de redevenir père à 48 balais, qui plus est avec une magnifique jeune femme de 33 ans ! Possible, mais pas forcément évident. Il décida de reporter sine die l'approfondissement de la seconde partie de son intense réflexion.

Nathan est objectivement un magnifique bébé, mais se montrant durant les premiers mois assez difficile du point de vue sommeil et caractère. Un bébé, quoi. De quoi faire naître, la fatigue aidant, quelques tensions au sein de la toute nouvelle et inédite cellule familiale. Une sorte de bizutage réglementaire pour célébrer l'admission dans le monde enchanté des familles recomposées, se dit le flegmatique Pierre. Fort heureusement, contempler Sam donnant le sein à Nathan lors des premiers mois, ajouté à la complicité naturelle naissante entre Alex, Manon et Nathan suffirent rapidement à le conforter sur le bien-fondé d'une décision qui, il en a conscience, reste un pari sur l'avenir. Tous les jours ne se valent pas et ne sont pas, loin s'en faut, égaux en matière d'harmonie et de zénitude familiales, mais rien de suffisamment sérieux pour se refuser à cette nouvelle vie. L'image de Sam et de ses trois enfants, si beaux et touchants lorsqu'ils sont réunis ensemble, est là pour le lui rappeler. Pierre est un homme chanceux, à défaut d'être pleinement rassuré sur l'avenir. Il le sait. Il y a beaucoup de poésie dans sa vie.

LA MATURATION DU CERVEAU DE L'ENFANT ET L'ADOLESCENT

Quelles sont les principales étapes du développement du cerveau de l'enfant et de l'adolescent ? Une question fondamentale pour vous permettre de mieux comprendre vos enfants et ainsi être en mesure d'adapter votre éducation. En clair, pour vous être utile et leur être utile. Sans vous assommer avec des concepts et termes neuroscientifiques incompréhensibles (au risque de vous faire refermer ce livre et le ranger *illico* au fin fond de votre bibliothèque), revenons ici sur le b.a.-ba du développement cérébral de l'enfant et de l'adolescent en huit moments majeurs indispensables à connaître dans notre rôle de parent ou de professionnel de l'enfance.

1. Le cerveau commence à se développer à partir de la troisième semaine... de grossesse ! S'ensuit une croissance à un rythme effréné : environ 250 000 cellules nerveuses (neurones) nouvellement créées chaque minute, près de 400 millions par jour, 10 milliards par mois en moyenne. Sans parler des 2 millions de connexions entre neurones (connexions synaptiques) qui s'établissent chaque seconde... Un véritable feu d'artifice neuronal ! Avec un phénomène cérébral naturel et essentiel qui se met déjà en place et qui se poursuivra tout au long de la maturation du cerveau, celui de l'élagage, qui fait que seuls les neurones les plus utiles et « connectables » subsistent, les autres étant détruits. (C'est ainsi qu'avant notre arrivée sur terre nous avons déjà perdu près de la moitié de nos neurones !) À noter que, durant la grossesse, le cerveau de l'enfant est extrêmement fragile et vulnérable. La moindre carence (notamment en vitamine B9 aussi appelée « acide folique ») ou le contact à des

substances toxiques (alcool, drogues, etc.) peut l'endommager de manière irrémédiable.

2. Dès le cinquième mois de grossesse, le cerveau du fœtus réagit aux sons et aux contacts. Après trente-deux semaines de gestation, il peut commencer à mémoriser des sons entendus régulièrement et établir des relations de cause à effet entre un son et un comportement. Si, par exemple, la maman regarde fréquemment une émission de télé qui lui provoque des crises de rire, il y a fort à parier que le fœtus gardera plus tard une trace mnésique positive de la mélodie du générique.

3. Le cerveau du bébé pèse environ 350 grammes à la naissance et il multipliera son poids par trois en seulement un an. Cela signifie qu'à 1 an, le poids du cerveau du bébé ne sera pas si éloigné de son poids adulte (1,3 kilo environ). Les milliards de neurones se mettent en place au sein des structures cérébrales appropriées, les connexions entre neurones se créent à une vitesse exponentielle et vertigineuse avec toujours en cours le processus d'élagage synaptique. En clair, le cerveau du bébé ne retient que les neurones et connexions qui lui sont utiles pour faire face à son environnement. Il possède deux à trois fois plus de connexions disponibles que le cerveau d'un adulte, et puise en fonction des besoins, ce qui lui confère une incroyable malléabilité et capacité d'apprentissage. L'hémisphère droit, essentiel pour le développement des compétences relationnelles et la communication non verbale, domine le cerveau au cours des trois premières années.

4. Le cerveau du petit enfant lors des premières années (2-5 ans) se met en place progressivement, les connexions se stabilisent, le processus d'élagage synaptique lui permet de conserver et renforcer les connexions neuronales utiles à son développement et d'éliminer celles ne lui servant à rien. Le cerveau

perd alors flexibilité et plasticité mais gagne en efficacité ! Les structures du néocortex (cerveau dit « de l'intelligence supérieure » qui permet à l'enfant de réfléchir, d'analyser…) se développent durant les cinq premières années, ce qui permet notamment à l'enfant d'être moins sous le feu de ses émotions et de mieux les contrôler. L'hémisphère gauche commence sa croissance : grâce à son extraordinaire plasticité cérébrale, un tout-petit apprend sa langue maternelle entre 20 et 30 mois sans aide particulière. Bluffant !

5. La croissance du cerveau se poursuit, un nouvel emballement de connexions synaptiques (et d'élagage !) se produit vers 6-11 ans avant le début de la puberté. Les neurones du cortex préfrontal des enfants se renforcent grâce à la formation de la myéline (myélinisation), la couche de graisse isolante qui les protège et permet à l'influx nerveux de circuler plus rapidement… et donc de mieux transmettre les informations. Le cerveau des enfants tourne à plein et peut naturellement apprendre de nouvelles choses, mieux contrôler ses impulsions, façonner sa capacité de jugement et de prise de décisions. La basilique cérébrale se crée.

6. La puberté… ah, la puberté ! Mais où est donc passé votre tout-petit rien qu'à vous, si mignon et adorable, qui ne cessait de vous regarder amoureusement en réclamant des câlins du matin au soir ? Voilà venu le temps d'aborder le sujet qui nous plonge, parents, en plein désarroi… Vous l'avez compris, ou à défaut (durement) expérimenté, il s'en passe des choses dans le cerveau de votre petit(e) ado ! Mais quoi exactement ? Voilà une question essentielle sur laquelle nous sommes en tant que parents bien démunis… Quelques éléments de réponse : au moment de la puberté, le cerveau émotionnel de l'adolescent est en proie à de fortes évolutions : création de nouveaux neurones, réagencement

de la matière grise, suractivation émotionnelle due au déferlement d'hormones sexuelles… Bref, ça tangue fort dans le limbique ! Ce qui explique cette extrême sensibilité de nos ados et ces réactions si épidermiques au regard de l'autre, à la reconnaissance, à leur place au sein du groupe, etc. Comme le note Barbara Braams[1], neuroscientifique travaillant à l'université d'Harvard, « l'activité au sein du noyau accumbens, la zone de la récompense dans le cerveau émotionnel, connaît un pic autour de la dix-septième année. Le cerveau exulte alors comme jamais à la moindre occasion de s'amuser. Il n'est pas étonnant que les ados soient parfois obsédés par le sexe, les drogues ou le rap ». Cette impulsivité s'explique par le fait que la communication neuronale entre le cerveau émotionnel limbique et le cortex préfrontal de la raison, siège des fonctions cognitives et du raisonnement, est encore largement imparfaite et non stabilisée, le limbique prenant *in fine* régulièrement le dessus, notamment sur le cortex dorsolatéral qui est la région du cerveau qui se développe en dernier chez l'être humain. Les turbulences de l'adolescence sont donc on ne peut plus normales. Ainsi, réjouissez-vous de voir votre enfant passer par les étapes normales de son développement cérébral ou, si c'est trop vous demander, tentez au moins de vous faire une raison « neuronale » et de le comprendre sans jugement excessif… en lui montrant tout l'amour inconditionnel qui est le vôtre !

7. L'adolescence présente au niveau cérébral une spécificité très intéressante justement relevée par le magazine *Psychologie positive*[2] : les schémas de pensée de l'ado n'étant pas encore figés en raison de la non-stabilisation

---

1. *Psychologie Positive*, hors-série n° 11, « Notre cerveau : les étonnantes découvertes de la psychologie et des neurosciences ».
2. *Ibid.*

des connexions, ce dernier pourra ainsi se montrer particulièrement créatif en procédant par association d'idées inédites et corrélations surprenantes (une capacité à sortir du cadre que l'on retrouve lorsque l'on rêve par exemple). L'ado sera ainsi peut-être moins efficace en sens analytique pur et raisonnement rationnel, mais aura une capacité d'innovation plus importante. À chaque âge ses propres avantages et spécificités en somme.

8. Le cerveau atteint sa pleine maturité à l'âge d'environ 25 ans, les connexions sont stabilisées, il est en pleine possession de ses moyens et est à son top. Il fera ensuite tout au long de votre vie l'objet de réaménagements permanents et perdra avec l'âge en plasticité, en vitesse de connexion et en nombre de neurones, avec cependant un bémol de taille : ce processus naturel d'altération des performances neuronales pourra être largement freiné et endigué en fonction du soin que vous apporterez à votre cerveau, tout particulièrement en étant attentif à la qualité de votre mode de vie et à votre environnement (alimentation, sport, gestion du stress, relations sociales, etc.).

UD OU L'INCROYABLE NEUROPLASTICITÉ DES ENFANTS

C'est une histoire proprement stupéfiante relatée dans la revue *Cell* datée de juillet 2018[1] qui en dit long sur les extraordinaires capacités du cerveau des enfants à pouvoir

_____

1. Tina T. Liu, Adrian Nestor, Mark D. Vida, John A. Pyles, Christina Patterson, Ying Yang, Fan Nils Yang, Erez Freud, Marlene Behrmann, « Successful Reorganization of Category-Selective Visual Cortex Following Occipito-Temporal Lobectomy in Childhood », *Cell*, vol. 24, n° 5, 31 juillet 2018. Opération menée par la neurochirurgienne Tina T. Liu de la Carnegie-Mellon University (États-Unis).

se reconfigurer grâce à leur plasticité cérébrale naturelle. Atteint d'une tumeur au cerveau à l'âge de 4 ans, un petit garçon américain, dénommé UD, enchaîne dès lors les crises d'épilepsie qui, hélas, ne peuvent pas être soignées par les médicaments. Trois ans plus tard, devant l'aggravation de la maladie, les médecins décident de réaliser purement et simplement une ablation du foyer épileptique situé dans l'hémisphère droit puisque aucune solution médicamenteuse ne parvient à venir à bout des crises qui sont de plus en plus sévères, mettant en jeu le bon développement cérébral de l'enfant. UD est alors âgé de 7 ans. La localisation du foyer épileptique, principalement concentré dans le lobe occipital (centre de la vision et de la reconnaissance des formes situé à l'arrière du cerveau) et dans le lobe temporal (centre de l'audition, du langage et de la mémoire), laisse entrevoir des effets postopératoires acceptables, et ce en dépit du fait qu'un tiers de l'hémisphère droit lui sera retiré. De toutes les façons, il n'y a pas d'autre option, il faut prendre ce risque car il en va de la survie de l'enfant. C'est bien l'opération de la dernière chance.

Quatre ans plus tard, le miracle de la neuroplasticité s'est produit, UD est totalement guéri de son épilepsie. Avec pour seul effet secondaire, un déficit visuel côté gauche de son champ de vision (il faut savoir en effet que l'hémisphère droit commande les fonctions motrices du côté gauche et l'hémisphère gauche commande le côté droit). « Quand il regarde devant lui, toutes les informations visuelles qui parviennent du côté gauche de son champ de vision ne sont pas traitées par le cerveau. Mais il peut compenser cela en tournant la tête ou en bougeant ses yeux[1] », explique Marlene Behrmann, coauteur de l'étude et neurologue à l'université Carnegie-Mellon.

---

1. *Ibid.*

Mieux, comme le rapporte le journal *Le Figaro*, « les médecins ont constaté que le garçon présente une intelligence supérieure à la moyenne, et ses capacités à percevoir et reconnaître les visages et les objets sont tout à fait normales[1] ».

Les chercheurs et neurologues expliquent cet incroyable succès grâce à l'extraordinaire plasticité du cerveau qui s'est réaménagé en fonction de la nouvelle donne imposée par cette opération. Et c'est ainsi que les régions intactes de l'hémisphère gauche sont parvenues à compenser en grande partie la perte de la partie droite, en maintenant notamment les fonctions de reconnaissance des visages, des objets et des mots. Elles ont en quelque sorte pris le relais en se réorganisant afin de permettre à UD de pouvoir continuer à vivre quasi normalement. Il faut rappeler que la lobectomie est une opération rare, réalisée chez seulement 4 à 6 % des patients de tout âge qui souffrent d'une épilepsie intraitable et dont le pronostic vital est, à terme, engagé. Dans son malheur, le fait pour UD d'avoir été opéré si jeune (7 ans) lui a permis de faire jouer à plein sa plasticité cérébrale. Nul doute que les effets secondaires auraient été bien plus difficilement résorbables chez un adulte de 60 ans.

---

1. Marine Van Der Kluft, « Épilepsie : un enfant guérit après l'ablation d'une partie de son cerveau », Le Figaro.fr rubrique Santé, 1er août 2018.

TOUT LE MONDE DEBOUT !

OFFRIR À VOTRE ENFANT UN SOMMEIL DE QUALITÉ

Les matins sont plutôt laborieux chez Pierre, surtout lorsqu'il s'agit de sa semaine de garde de ses deux aînés. *Entre un Alex à deux de tension qui donne le sentiment d'avoir passé sa nuit vissé à son smartphone et le petit Nathan qui semble ne pas avoir décoléré depuis qu'il a été (injustement) privé du sein maternel de Sam il y a plus d'un an, le sommeil des troupes laisse franchement à désirer, et les nuits paraissent bien trop courtes à tout le monde. Sauf à l'énigmatique Manon, affectueusement surnommée « l'Éveillée », qui semble demeurer étrangère au tumulte ambiant et rester zen en toutes circonstances. Il est dit qu'elle ne fera décidément jamais rien comme tout le monde, cette petite…*

Pierre a préparé le petit déjeuner pour toute sa tribu. En musique, bien sûr ! Il a déserté la télé pour la musique depuis plusieurs années déjà, fini les chaînes d'info continue qui le bombardaient de nouvelles toutes plus anxiogènes les unes que les autres… et place à tout ce qui fait vibrer positivement ses délicats neurones. Pierre a ressenti un bienfait quasi immédiat en adoptant ce troc « musique contre télé », les mauvaises nouvelles du monde entier attendront bien quelques heures… Cela fait de surcroît beaucoup rire Alex qui s'amuse de voir son père vivre en musique tel un ado avec un sens du rythme qui n'appartient qu'à lui… L'atmosphère familiale est devenue, depuis l'arrivée de la musique, plus légère, plus à l'écoute aussi, cette foutue télé allumée en permanence en bruit de fond ayant fini par saouler tout le monde. Ce « new way of life » au départ imposé par Pierre, a ainsi rapidement trouvé un écho favorable, à commencer par les enfants qui avaient, de toutes les façons, déjà pris les devants en reléguant depuis longtemps cet objet envahissant trônant au milieu du salon au rang des étrangetés du siècle passé...

Musique ou pas, Alex est crevé... et pour cause ! Son sommeil est de plus en plus haché et de mauvaise qualité. Il se couche toujours plus tard et passe sa vie devant les écrans d'ordi et de smartphone. Quand, excédé, son père finit par se fâcher et lui ordonne d'arrêter les jeux vidéo, il éteint... et passe direct à son smartphone. La consommation d'écrans est en flux continu chez Alex, elle ne s'arrête jamais, pas même lorsqu'il va se doucher ou lorsqu'il est aux toilettes. Pierre observe cela inquiet et impuissant. Il faut dire qu'il n'est lui-même pas très au clair sur cette question d'addiction aux écrans, étant constamment en train de checker ses mails, SMS et notifications Facebook ou LinkedIn. Son comportement vis-à-vis des écrans est finalement assez similaire à celui d'Alex, simplement ils ne jouent pas aux mêmes jeux, voilà tout. Alex en a souvent fait la remarque à son père, qui, pris de court, lui rétorque alors que cela n'a rien à voir, que c'est pour le boulot, qu'il attend un truc urgent... Bref, tout un flot d'excuses à deux balles qui ne trompent personne. Ce faisant, Alex sait qu'il va ainsi renvoyer son père dans ses quinze mètres et qu'il aura la paix pour un moment. Pierre, lui, a bien conscience qu'avant de faire la leçon à ses enfants, il ferait bien de s'autodiscipliner. Résultat, un partout, balle au centre, la vie numérique et digitale a envahi la maison... Seul Nathan, pour le moment, semble provisoirement être épargné par le virus. Pour combien de temps ?

Le sommeil instable de Nathan finit par épuiser tout le monde. Sam accourt dans sa chambre dès qu'elle l'entend pleurer, c'est plus fort qu'elle ! Chloé, sa meilleure copine, lui a certifié qu'il était très mauvais pour l'équilibre affectif des tout-petits de les laisser seuls en crise de larmes. Nathan n'arrive plus à s'endormir sans la présence de sa mère, il semble totalement perdu et démuni sans elle. Pierre, qui se souvient de ses premières paternités avec Alex et Manon, explique à Sam combien il est essentiel pour Nathan de pouvoir progressivement se gérer tout seul au niveau de l'endormissement. Sam entend Pierre sans l'écouter et encore moins y prêter attention. Le premier micro-sanglot de Nathan entendu au loin la fait sursauter dans la demi-seconde, comme si elle était en télépathie avec lui. Il lui est alors tout bonnement impossible de ne pas se lever pour aller rassurer « son bébé ». Le seul problème, de taille, est que Nathan n'est plus un bébé, mais un petit enfant qui aura bientôt 3 ans !

Les tensions latentes s'accumulent entre Pierre et Sam sur ce sujet, d'autant que le sommeil de Nathan ne s'améliore pas, bien au contraire, ce qui semble donner raison à Pierre. Sam, elle, n'arrive plus à trouver son équilibre, se sentant à la fois épuisée et coupable de ne pas y arriver avec son petit. Ils vont devoir vite trouver une solution, pour Nathan en premier lieu, mais aussi pour leur vie de couple qui souffre de ces problèmes de sommeil à répétition et des tensions qu'ils font naître. Cerise sur le gâteau, la fatigue s'installant durablement, Sam a de moins en moins envie de faire l'amour avec Pierre, sa libido étant en chute libre. Elle veut juste une chose quand Nathan lui laisse quelques rares instants de répit : dormir ! Épuisée, elle finit par en vouloir à Pierre de ne pas être sur la même longueur d'onde qu'elle concernant le sommeil de Nathan… puis s'en veut de lui en vouloir car elle sait bien au fond d'elle-même qu'il a raison. Elle se sent prise au piège.

Manon, quant à elle, est la seule dans la famille qui semble tirer avantage de ses nuits. Elle a remarqué qu'elle retenait mieux ses leçons et ses poésies lorsqu'elle se les récitait le soir avant de s'endormir et, du coup, elle est partie creuser la question sur Internet. Bingo, son intuition est la bonne, elle tombe sur un article d'un chercheur en neurosciences spécialiste du sommeil qui confirme en long et en large tout l'intérêt de réviser ses cours juste avant de s'endormir sur les processus de mémorisation. Et si possible debout en faisant quelques pas à la manière des acteurs qui répètent leur texte… Manon n'est pas peu fière d'expliquer tout cela à son papa et à Sam qui l'écoutent attentivement. Sam se dit qu'elle utilisera désormais cette technique pour mieux maîtriser ses interviews lors de ses prochains reportages. L'analytique Manon a ainsi trouvé un moyen efficace et rapide de passer moins de temps sur ses devoirs, c'est toujours ça de pris.

LE SOMMEIL, CLÉ DU DÉVELOPPEMENT CÉRÉBRAL DE VOTRE ENFANT

La nuit a été agitée et hachée chez Pierre et Sam entre les pleurs des uns et les insomnies des autres… Ça promet pour la journée ! Ces fameuses nuits infernales que beaucoup d'entre nous connaissent (et redoutent, hélas), comme en témoigne une étude menée en 2017 par l'Institut national du sommeil et de la vigilance (INSV) à l'occasion de la Journée mondiale du sommeil, qui indique :

) qu'un Français sur trois souffre de troubles du sommeil ;
) que près de deux sur trois ne s'estiment globalement pas satisfaits de la qualité de leur sommeil.

La petite tribu de Pierre ne fait ainsi pas exception, loin s'en faut, mais pas sûr que cela le réconforte. Comme le souligne justement le docteur Joëlle Adrien, présidente de l'INSV, le manque de sommeil dans la population, notamment chez les jeunes, est « considéré par les spécialistes comme une véritable épidémie. Cette dette de sommeil impacte le fonctionnement diurne en réduisant la vigilance, les capacités d'attention et de concentration, l'apprentissage et la performance. À plus long terme, elle augmente la consommation d'excitants, les risques de surpoids et de maladie, ainsi que la vulnérabilité au stress, aux troubles anxio-dépressifs et aux addictions[1] ».

Les *digital natives* sont en effet en première ligne des profondes mutations technologiques et sociétales apparues depuis une vingtaine d'années avec la révolution numérique, Internet, les smartphones et les réseaux sociaux. Et le docteur Adrien de dresser un constat que beaucoup

---

1. www.institut-sommeil-vigilance.org

de parents et de professionnels de l'enfance ne peuvent que confirmer et, hélas, déplorer : « Les jeunes sont les premiers concernés, et de plus en plus tôt, par ces nouveaux modes de vie et ces outils de communication qui deviennent souvent une sorte de prolongement d'eux-mêmes. Au point d'en développer une dépendance[1]. »

Dans ce contexte de guerre attentionnelle permanente, l'information et l'éducation des jeunes et de leur entourage (familial, éducatif, professionnel, etc.) sur le rôle absolument fondamental du sommeil pour leur santé cérébrale (et santé tout court bien entendu) deviennent une priorité nationale d'intérêt public. Songez que nous dormons environ une heure trente de moins qu'il y a cinquante ans ! Ce manque de sommeil dans la population est un réel problème sociétal aux conséquences délétères. Les troubles du sommeil récurrents finissent par épuiser, isoler, enfermer, ronger. Sont incriminés le stress chronique, les rythmes effrénés, la proximité des écrans jusque tard dans la nuit, une mauvaise gestion émotionnelle, des pensées toxiques et ruminations qui se bousculent et s'autoalimentent en boucle… le cycle infernal ! Difficile d'envisager passer le tiers de sa vie dans ces conditions.

Le sommeil chez l'enfant en 6 points clés

1. Une construction et une régénération de la machinerie cérébrale

État naturel récurrent de perte de conscience du monde extérieur (sans perte de la réception sensitive), le rôle du sommeil est essentiel pour notre organisme, tant sur le

---

1. *Ibid.*

plan physique que psychique. C'est tout particulièrement lors du sommeil que se régénèrent nos cellules et que s'éliminent les toxines. Comme le résume le neuroscientifique Thierry Gallopin, spécialiste du domaine, « les neurones sont lavés chaque nuit durant le sommeil pour être frais et dispos le lendemain matin[1] » (système de nettoyage cérébral baptisé « système glymphatique » et révélé par l'université américaine de Rochester). Par ailleurs, pendant que l'enfant dort, son système nerveux central mûrit, l'hormone de croissance est sécrétée, son système immunitaire se renforce… Tout un ensemble de processus de première importance qui favoriseront son bon développement, ses apprentissages et son équilibre émotionnel.

2. Une chronobiologie propre à chacun

Nous ne sommes pas tous égaux devant le sommeil, y compris chez les enfants ! Il existe des petits dormeurs et gros dormeurs pour des raisons encore assez mal comprises. C'est ainsi. Le meilleur indicateur est finalement de les observer et vérifier leur état de forme durant la journée. En tant qu'adulte, vous pouvez par exemple ne dormir que cinq heures par nuit sans ressentir de sensation de fatigue particulière durant la journée… ou inversement dormir neuf heures par nuit en vous sentant tout le temps épuisé. Nos rythmes chronobiologiques nous sont propres et sont l'expression d'une foule de données très complexes, à commencer par nos prédispositions génétiques. Les enfants ont cependant des besoins spécifiques en matière de sommeil, notamment dans le cadre de leur croissance. Si le sommeil revêt une importance capitale tout au long de notre vie, il l'est encore davantage pour le

---

1. Entretien avec Thierry Gallopin, maître de conférences à l'ESPCI (École supérieure de physique et de chimie industrielles).

cerveau de l'enfant et de l'adolescent qui ne va cesser de se développer pour atteindre sa forme mature à environ 25 ans.

3. Un rôle essentiel dans les processus de consolidation des souvenirs

Pendant les phases de sommeil lent et profond, le cerveau organise le traitement de l'information et la mémorisation. Les informations reçues tout au long de la journée sont traitées pour être affectées dans différentes parties du cerveau ou tout simplement abandonnées. Les données importantes seront stockées durant la phase de sommeil profond dans la mémoire à long terme (grâce en particulier à l'action de l'hippocampe). On peut, d'une certaine façon, comparer ce processus de mémorisation à un ordinateur qui stockerait ses données sur un disque dur pour pouvoir les récupérer ensuite.

4. Un moment crucial pour évacuer les tensions et pensées inconscientes

Le cerveau a cette particularité de fonctionner 24 heures sur 24 avec une prédominance très nette de l'inconscient qui représente plus de 90 % de l'activité cérébrale contre moins de 10 % pour le conscient ! De quoi nous faire réfléchir sur la toute-puissance supposée de notre soi-disant infaillible conscience et nous inviter à nous intéresser de plus près à tous les processus relevant du non-conscient (subconscient et inconscient). C'est justement durant le sommeil que vont pouvoir s'évacuer les tensions accumulées durant la journée, ainsi que les pensées inconscientes, étape décisive qui permettra à l'enfant d'avoir un meilleur contrôle émotionnel de lui-même et qui favorisera alors ses processus cognitifs (mémoire, analyse, décision, etc.).

5. L'importance de la sieste

Si une bonne nuit de sommeil est évidemment essentielle au bon équilibre de chacun, adultes comme enfants, la sieste durant la journée est tout aussi importante pour régénérer la machine cérébrale, tout particulièrement chez les tout-petits. Comme le rappelle justement le docteur Sylvie Roy[1], les besoins en sieste évoluent en fonction de l'âge de l'enfant. De 0 à 3 mois, « il faut entre 4 à 6 périodes de sommeil dans la journée, entre chaque tétée ou biberon ». Vers 4 mois, « le rythme des 3 siestes devient de plus en plus régulier. Une sieste le matin, une en début d'après-midi puis une autre en fin d'après-midi ». Entre 12 et 18 mois, « une sieste est nécessaire en matinée et une autre en début d'après-midi ». À partir de 18 mois, « le mieux est une longue sieste en début d'après-midi ». Enfin, à partir de 4-5 ans, souligne le docteur Roy, « une période de repos est souhaitable. À l'école, au minimum un moment de calme avec les yeux fermés, la tête sur les bras, permettra à l'enfant de se reposer et de se recentrer sur lui-même. À la maison, le mercredi ou le week-end, continuez de lui proposer de s'allonger au calme, et pourquoi pas, avec vous ». Il s'agit là d'un conseil en effet extrêmement judicieux que de coupler la sieste d'après déjeuner de l'enfant et celle des parents tant celle-ci répond à un besoin physiologique essentiel pour les petits comme pour les grands !

6. Les ondes cérébrales en action

Le sommeil, qui se décompose en cycles, est aussi une histoire d'ondes cérébrales devant, pour résumer, se situer au bon niveau au bon moment :

▶ l'endormissement (5 à 10 min) : somnolence, bâillements, engourdissement. Transition progressive entre l'éveil et le sommeil caractérisée par une réduction de

---

1. Interview de Sylvie Roy sur le site www.laurencepernoud.com

la vigilance, du tonus musculaire et de la fréquence cardiaque. Le cerveau fonctionnant selon des processus électrochimiques, les ondes cérébrales actives durant l'endormissement sont comprises entre 3,5 et 7 Hz (Thêta) ;

▶ le sommeil léger (10 à 15 min) : ralentissement de la respiration et du rythme cardiaque. Sensibilité du cerveau aux stimuli extérieurs. Les ondes cérébrales actives durant le sommeil léger sont comprises entre 3,5 et 7 Hz (Thêta) ;

▶ le sommeil lent (30 min) : respiration très lente, muscles relâchés, absence de réaction du cerveau aux stimuli extérieurs. Les ondes cérébrales actives durant le sommeil lent sont comprises entre 0,5 et 3 Hz (Delta) ;

▶ le sommeil profond (30 min) : phase cruciale ! Récupération de la fatigue physique, régénération du cerveau, traitement et stockage des informations reçues lors de la journée (mémorisation). Les ondes cérébrales actives durant le sommeil profond sont comprises entre 0,5 et 3 Hz (Delta) ;

▶ le sommeil paradoxal (10 à 15 min) : forte activité électrique du cerveau, mouvements oculaires rapides et rêves intenses, mais atonie musculaire du reste du corps (d'où le paradoxe…). Période des rêves tout particulièrement. Les ondes cérébrales actives durant le sommeil paradoxal repartent à la hausse pour se situer entre 14 et 30 Hz ! (Béta).

Il est ainsi primordial de veiller à respecter ces temps cérébraux si l'on veut construire un temps de sommeil de qualité et récupérateur, en particulier en supprimant toutes les sources de distraction et d'excitation attentionnelle au moment du coucher (la fameuse lumière bleue émanant des écrans qui envoie comme signal trompeur au cerveau que c'est le jour alors qu'il est 1 heure du matin et que votre enfant est toujours devant son jeu vidéo !).

16 CONSEILS PRATIQUES POUR DES NUITS DE RÊVE POUR VOS ENFANTS !

Une bonne nuit de sommeil se prépare avant tout durant la journée et non cinq minutes avant d'aller dormir ou, pire, au beau milieu de la nuit en pleine insomnie. Ci-dessous seize conseils pratiques pour aider vos enfants à plonger sereinement dans les bras de Morphée. Petite recommandation importante : s'agissant des bonnes pratiques à mettre en place (cohérence cardiaque, lecture, trois bienfaits du jour, etc.), proposez-les à vos enfants au plus tôt et n'attendez surtout pas l'adolescence pour leur suggérer ces idées géniales. Ces rituels de coucher seront en effet d'autant plus inscrits dans leur cerveau qu'ils auront été pris tôt, les jeunes enfants étant bien plus réceptifs pour s'intéresser à ces questions que les adolescents qui ont, nous le savons tous en tant que parents, bien d'autres chats à fouetter…

La journée

▶ Recherchez la lumière avec vos enfants, tout particulièrement l'hiver. Le cerveau s'en nourrit pour régler son horloge biologique interne jour/nuit (régulation des rythmes circadiens).

▶ Faites-leur pratiquer de l'activité physique en journée et en plein air (ou *a minima* trois heures avant l'heure du coucher). Objectif : éliminer les toxines, aérer et stimuler leur cerveau !

▶ Proposez-leur de pratiquer la cohérence cardiaque à raison de 3 fois 5 minutes par jour. Objectif : réduire le stress chronique en régulant le système nerveux autonome.

▶ Évitez les siestes aux enfants après 17 heures, faute de quoi l'heure du coucher du soir sera décalée (à l'exception notable de la première année où les bébés ont physiologiquement besoin de ce temps de sieste en fin d'après-midi).

Le soir

▶ Cuisinez plutôt *light* le soir et au moins deux heures avant le coucher pour ne pas alourdir la digestion. Évitez les psychostimulants pendant le repas, notamment les sucres rapides et les boissons type cola à base de caféine.

▶ Éteignez les écrans à l'approche de la nuit, en particulier les jeux vidéo. La lumière bleue projetée envoie en effet au cerveau des informations trompeuses tendant à le maintenir en éveil en empêchant la sécrétion de la mélatonine nécessaire au sommeil. Si, en plus, vous rajoutez l'excitation, le plaisir ou la frustration d'avoir gagné ou perdu sa partie de jeu en ligne, votre enfant n'est pas près de dormir !

Le coucher

▶ Couchez votre tout-petit encore éveillé afin qu'il apprenne le plus rapidement possible à trouver son sommeil seul sans votre aide (processus clé qui évite ensuite bien des problèmes).

▶ Renforcez les signaux de sommeil avec un rituel et des horaires de lever, coucher, repas et siestes réguliers, y compris durant le week-end et les vacances, ce qui permettra d'instaurer une routine rassurante et un rythme régulier pour le tout-petit.

▶ Utilisez cette étape du rituel du coucher comme un moment privilégié de connivence et d'intimité avec votre enfant, par exemple en lui racontant une histoire ou en lui lisant des livres, ce qui est un excellent moyen de se préparer au sommeil. Ces rituels évoluent bien évidemment avec l'âge, et plus l'enfant grandira, moins la présence d'un parent sera nécessaire.

▶ Proposez à vos enfants, dès qu'ils sont en capacité de le faire, d'écrire chaque soir sur un carnet intime leurs « 3 bienfaits de la journée », c'est-à-dire trois petits bonheurs simples qu'ils ont vécus durant leur journée.

▶ Mettez votre enfant au lit quand il se frotte les yeux, dort debout ou lorsqu'il est grognon ou irascible, signe qu'il lutte contre la fatigue.

▶ Respectez les rythmes naturels d'endormissement et de réveil de votre enfant qui ne sont pas forcément ceux qui vous arrangeraient le mieux pour votre organisation.

La nuit

▶ Veillez à maintenir une température maximale de 18-19 °C dans la chambre de vos enfants qui doit par ailleurs être suffisamment aérée.

▶ Laissez au bébé, lors des réveils nocturnes qui sont normaux, le temps de retrouver son sommeil. Le bébé peut rester éveillé plusieurs minutes en jouant, gazouillant, pleurant, puis se rendormir de lui-même sans intervention des parents. Si les parents interviennent au premier signe d'éveil, le bébé n'a pas le temps de se rendormir seul. En revanche, si les pleurs de votre bébé s'intensifient et durent, il est alors essentiel d'aller le rassurer car le laisser seul en prétextant un caprice ne fera qu'aggraver sa détresse émotionnelle.

Le lendemain matin

▶ Réveillez vos enfants en douceur de préférence avec la lumière naturelle (ou un simulateur d'aube), leur réveil neurobiologique n'en sera que meilleur.

▶ Prévoyez le temps nécessaire pour une mise en route pour la journée sereine et progressive. On prend le temps de se réveiller, de se préparer, de prendre un bon petit déjeuner. N'oubliez pas que la notion du temps chez les tout-petits est très différente de celle des adultes.

DU FORMIDABLE INTÉRÊT DES RÊVES... ET DES CAUCHEMARS !

Très longtemps laissée dans les mains des psychanalystes qui se sont attachés à les décrypter et à les interpréter depuis plus d'un siècle, l'étude des rêves est désormais devenue le terrain de jeu des chercheurs en neurosciences qui ont singulièrement avancé sur la connaissance et la compréhension de ceux-ci.

Première découverte : nous rêvons tous ! Et beaucoup en réalité, puisque nous y passons environ le quart de notre vie. Et ce, même si nous ne conscientisons pas toujours nos rêves, autrement dit même si nous ne nous en souvenons pas forcément tous les matins. La majorité de nos rêves se déroule pendant la phase para-doxale du sommeil, bien que nous rêvions, semble-t-il, tout au long de la nuit. Sur un plan neuroscientifique, le rêve trouve sa source dans l'activation du tronc cérébral, puis de la formation réticulée qui provoque un éveil cortical. Et là, bingo, les images déferlent en masse...

La fonction des rêves a souvent été associée, voire réduite, à la notion freudienne de refoulement des désirs, une fonction d'exutoire inconscient nous permettant bon an mal an de maintenir l'intégrité de notre moi. Or, les neurosciences ont permis d'aller beaucoup plus loin dans le décryptage du rôle spécifique des rêves, et d'élargir leur spectre d'action. Cette nouvelle connaissance rebat les cartes et est particulièrement intéressante à étudier lorsque l'on parle du développement de l'enfant. Résumons en quelques points clés tout l'intérêt pour nos petites têtes blondes de rêver en grand !

La simulation de la menace

Il faut savoir qu'environ deux tiers des rêves sont menaçants. Et c'est tant mieux ! En étant confronté à une menace fictive, mais bien réelle pour le cerveau lors du cauchemar proprement dit, celui-ci va en effet préparer sa défense et travailler des scénarios lui permettant de faire face en déjouant la menace. Résultat, votre enfant sera mieux armé mentalement pour affronter dans la vraie vie la problématique si elle se présente. Une étude intéressante a été menée en 2013 à ce sujet par les équipes de la neuroscientifique française Isabelle Arnulf[1] auprès d'étudiants qui devaient passer leur concours d'entrée en première année de médecine. Ceux qui avaient cauchemardé lors des nuits ayant précédé l'examen obtinrent des notes en moyenne supérieures à ceux n'ayant pas fait de cauchemars, leur cerveau ayant monopolisé, en réaction à ses nuits agitées, davantage de capacités attentionnelles pour franchir l'obstacle.

---

1. Isabelle Arnulf, « La nouvelle interprétation des rêves », *Cerveau & Psycho*, n° 100, juin 2018.

La stimulation de la créativité

Pendant les rêves, le cerveau s'extrait de la conscience et de la rationalité pour procéder par association d'idées pour le moins inédites. Ce processus de « divagation aléatoire », pour reprendre les mots d'Isabelle Arnulf, permet d'élaborer des scénarios nouveaux, sortant du cadre habituel et des filtres normatifs de la connaissance. En clair, le cerveau de nos enfants (et le nôtre) est moins bridé pendant les rêves et peut laisser libre cours à toute sa créativité et fantaisie. Il est d'ailleurs tout sauf surprenant, sachant cela, que de grandes inventions et découvertes aient été infusées lors de la nuit et révélées au petit matin. Eurêka !

Une plus grande sensibilité aux autres

Le fait dans nos rêves de nous retrouver parfois à la place de l'autre renforce, *via* l'activation du système neuronal miroir, notre empathie et notre flexibilité mentale. Résultat, nous développons une meilleure compréhension des émotions de l'autre et progressons en termes d'intelligence émotionnelle et relationnelle. Cette stimulation empathique grâce au rêve est particulièrement importante pour les enfants et les adolescents qui sont en pleine construction neuronale.

En conclusion, il ne faut redouter ni les rêves ni les cauchemars pour nos enfants, mais au contraire s'en réjouir. Loin d'être inutiles, ceux-ci les aident à grandir et à progresser nuit après nuit. « Fais de ta vie un rêve, et d'un rêve une réalité », nous invitait Saint-Exupéry. Au travail !

Papa, je m'ennuie...

Associer les intelligences de la raison et des émotions

Face à la perte, à l'adversité, à la souffrance que nous rencontrons tous un jour ou l'autre au cours de notre vie, plusieurs stratégies sont possibles : soit s'abandonner et faire une carrière de victime, soit faire quelque chose de sa souffrance pour la transcender. La résilience n'est pas du tout une histoire de réussite, c'est l'histoire de la bagarre d'un enfant poussé vers la mort qui invente une stratégie de retour à la vie : ce n'est pas l'échec qui est donné dès le début du film, c'est le devenir imprévisible, aux solutions surprenantes et souvent romanesques.

Boris Cyrulnik

Pierre adore emmener Manon à l'école le matin. C'est leur petit instant privilégié à eux deux, loin du tumulte familial habituel ambiant. Le moment où Pierre en profite pour prendre la température de la vie de sa petite Manon, pour savoir si tout va bien à l'école, avec ses copines, avec sa mère… Dans l'intimité de la voiture, c'est aussi là où elle se livre le plus facilement. Toujours par bribes, bien entendu. Avec Manon, on est toujours dans l'hypercontrôle, il faut donc tendre l'oreille et savoir décrypter les signaux faibles en se montrant attentif et observateur. Entre Nathan qui réclame beaucoup d'énergie et Alex en pleine crise d'adolescence, il ne reste parfois pas beaucoup de place pour la discrète Manon, qui n'aime pas faire parler d'elle. Ce qui ne veut pas dire pour autant qu'elle n'a pas de problèmes ou que tout roule pour elle, mais Manon a pris l'habitude de les régler par elle-même, c'est son mode intime de fonctionnement.

Pierre est amoureux fou de sa fille. Elle l'épate pour dire les choses, tant par son intelligence hors normes que par sa justesse. Mais il la sait également fragile. La mort d'Audrey, sa meilleure copine renversée sous ses yeux par une voiture, a été une terrible épreuve pour elle. Pierre a tenté de faire de son mieux pour la soutenir et l'aider dans son processus de deuil mais comment faire avec une si jeune enfant en de pareilles circonstances ? Comment avoir la parole juste ? Pierre a fait ce qu'il a pu. Manon n'en a, en apparence du moins, pas gardé de traces traumatiques trop marquées, mais *qu'en est-il de l'intérieur ? Elle se sent aujourd'hui d'autant plus isolée qu'elle avait avec Audrey une relation fusionnelle qui tendait à les exclure du reste du groupe. Brillantes et jolies toutes les deux, elles formaient une équipe de choc plutôt impressionnante. La disparition d'Audrey laisse Manon doublement orpheline, à la fois de sa meilleure copine et de ce duo fusionnel qu'elle formait avec elle. Elle est à nu désormais. Les autres élèves n'ont pas tous été tendres et bienveillants après le drame. Beaucoup de rancœurs et de jalousies se sont réveillées dans les mois qui ont suivi, ce qui a amené Manon à se calfeutrer plus encore dans sa tour d'ivoire, tenant à bonne distance tout intrus qui tenterait d'approcher son intimité et sa propre vérité.*

Manon a un rapport à l'école à la fois simple et complexe. Simple parce que tout semble d'une très grande facilité pour elle qui collectionne les bonnes notes et les félicitations du conseil de classe à chaque fin de trimestre. Complexe car Manon tourne en rond dans ce lieu trop normé pourtant supposé attiser et nourrir sa curiosité et son envie d'apprendre. Cette école n'est pas vraiment faite pour elle, elle s'y ennuie… Elle fait donc le service minimum, sans intérêt ni passion. Son monde à elle, le lieu secret de ses pensées et de ses rêves, est ailleurs. Elle le retrouve quand elle est chez elle, seule, à écouter de la musique classique, à écrire, à regarder des films ou à faire tourner un globe terrestre durant des heures en l'arrêtant de temps à autre avec son doigt en fermant les yeux. C'est lors de ces moments d'introspection et de solitude qu'elle se sent vivante et sincère. Elle ressent, elle vibre, elle imagine… En un mot, elle existe, et révèle alors sa nature profonde. Le reste du temps, elle est en représentation et endosse les habits ajustés de la bonne élève sans problèmes pour qu'on lui foute la paix. Et ça marche. Personne ou presque, à l'exception de Pierre et Florence et encore, ne suspecte l'extraordinaire complexité et densité intérieure de cette enfant qui, à 8 ans seulement, semble déjà avoir vécu mille vies. Manon sait que sa singularité ne lui facilite pas la vie, et notamment sa bonne intégration parmi les autres élèves. Elle s'en fiche et attend patiemment son heure, déterminée comme jamais. Elle investit pour l'avenir, elle ensemence car elle sait qu'un jour viendra le temps de la récolte. Et quand ce jour arrivera, elle partira alors loin, très loin d'ici pour s'accomplir et donner un sens à toute cette souffrance. Ce n'est qu'une question de temps, celui-ci est son allié. Donc, au final, peu lui importe au fond de s'ennuyer les jours de classe, elle utilise son temps disponible à fertiliser son cerveau et à se préparer aux vraies échéances à venir. Et ce, accompagnée la plupart du temps de Bach, Brahms ou Mozart. Il y a franchement de quoi être perplexe, ou époustouflé, c'est selon, notamment pour Pierre qui se demande souvent, en échangeant avec sa petite Manon qu'il aime tant, lequel des deux est l'adulte. Manon est là sans être là, elle est comme en transit entre deux vols dont elle seule connaît la destination. Pierre sait qu'elle ira rencontrer un jour son destin ailleurs et, la connaissant, ce sera probablement quelque chose d'improbable et d'impressionnant… Il est impatient de connaître la suite.

L'INTELLIGENCE...
MAIS QUELLE INTELLIGENCE
AU JUSTE ?

Le quotient intellectuel (QI) a longtemps été, et est encore, le test de référence pour statuer de l'intelligence d'un enfant. Inventé il y a plus d'un siècle, le premier test d'intelligence est mis au point par les Français Alfred Binet et Théodore Simon qui furent missionnés par l'État pour élaborer un système permettant de détecter les élèves à difficultés. Et c'est ainsi que l'échelle métrique de l'intelligence (appelée aussi du nom de ses auteurs « le test de Binet et Simon ») verra le jour en 1905 pour régner en maître pendant des décennies dans notre joli pays de Descartes qui n'aime rien tant que coller des étiquettes à chacun, quitte à exclure. Cette domination sans partage de l'omnipotent quotient intellectuel reste encore aujourd'hui largement imprégnée dans les esprits, notamment au sein du système éducatif, quand bien même celle-ci présente une vue bien réductrice de l'intelligence humaine. La complexité du cerveau fait qu'il existe en effet non pas une intelligence, mais bien des intelligences multiples chez les enfants (comme chez les adultes) sollicitant des régions spécifiques du cerveau. Votre enfant peut, par exemple, se sentir davantage manuel, être attiré par les chiffres, par les mots, avoir un sens relationnel envers les autres plus ou moins développé, une capacité d'analyse sur lui-même plus ou moins aiguë, un rapport à la nature plus ou moins proche… Chacun de nous a des prédispositions différentes, pour partie génétiques, et fort heureusement d'ailleurs car rien ne serait pire que l'uniformité. Notons au passage que cette diversité propre à l'espèce humaine est encore ce qui nous distingue avantageusement de l'intelligence artificielle.

Notre système éducatif a (hélas !) fait bien peu de cas de cette diversité en construisant le « cahier des charges » des compétences demandées et en organisant la sélection autour de critères purement cognitifs (capacité d'analyse, de calcul, de mémorisation) au détriment des autres formes d'intelligence bien souvent ouvertement déconsidérées (intelligences émotionnelle, relationnelle, situationnelle, etc.). Notre pays en paie durement le prix aujourd'hui avec, aux deux extrêmes, d'un côté, beaucoup trop d'enfants mis en échec scolaire et, de l'autre, une élite formatée et trop souvent arrogante, à l'intelligence parcellaire et insuffisamment adaptée à la complexité du monde.

LES 8 FORMES D'INTELLIGENCE DE HOWARD GARDNER

C'est l'Américain Howard Gardner, professeur en cognition et en éducation à la Harvard Graduate School of Education et de psychologie à Harvard University, qui a identifié et théorisé l'existence de ces « intelligences multiples » à partir de l'observation clinique de ses patients. En observant l'activité mentale de ses malades, Gardner repère en effet que certains peuvent avoir perdu certaines capacités intellectuelles, tout en restant par ailleurs très performants sur d'autres. Il en conclut que nous possédons tous différentes formes d'intelligence disponibles, sachant que notre tendance naturelle sera d'en développer plus particulièrement trois ou quatre appelées « dominantes ». Quand bien même il convient de rester très prudent par rapport à ces modélisations, tant la machinerie du cerveau reste complexe et toujours aujourd'hui insuffisamment comprise, pouvoir repérer les formes dominantes de son intelligence pour un enfant, ses préférences, ses sensibilités cérébrales (ce pour quoi on est doué, on est fait) est évidemment déterminant pour la construction de soi et la réussite de son parcours scolaire. Le fait pour chaque enfant de savoir qu'il existe plusieurs formes d'intelligence permet de mieux comprendre ses points forts et ses points faibles, de mieux valoriser ses succès et relativiser ses échecs, ce qui renforce l'estime de soi et facilite l'acquisition de nouveaux apprentissages.

Le système scolaire français sollicite tout particulièrement deux formes d'intelligence : l'intelligence verbalo-linguistique et l'intelligence logico-mathématique. Si vous n'entrez pas dans ce cadre imposé prédéfini, vous serez alors considéré comme peu intelligent et finirez probablement en échec scolaire… alors que vos talents seront tout simplement ailleurs ! Cela explique pourquoi tant de génies sont dans leur enfance passés par des parcours scolaires chaotiques, car n'entrant pas dans le moule imposé.

Le constat de cette approche très parcellaire de l'intelligence humaine fut le point de départ des travaux de Howard Gardner. S'appuyant sur le caractère très incomplet des tests de QI utilisés pour déterminer les aptitudes des individus (puisque n'utilisant principalement que les capacités logico-mathématiques et langagières), il propose alors sa nouvelle grille de lecture de l'intelligence humaine *via* huit formes d'intelligence combinant intelligence rationnelle, émotionnelle, relationnelle, manuelle et intuitive. Bien des années plus tard, les neurosciences confirmeront cette lecture en cartographiant l'ensemble des circuits cérébraux impliqués (distincts les uns des autres) lorsque ces différentes formes de sensibilité, et donc d'intelligence, sont exprimées.

L'intelligence intrapersonnelle (dite « de la conscience de soi »)

Elle se réfère à notre capacité à comprendre nos propres émotions et ressentis, à développer une démarche introspective, à analyser nos pensées et nos comportements. Cette forme d'intelligence nous permet de mieux identifier nos désirs et nos frustrations, ainsi que de mieux cerner nos forces et faiblesses. Elle nous permet aussi, en appréhendant nos limites, de pouvoir aller chercher de l'aide en cas de besoin et, dans le même temps, d'effectuer un travail autocritique régulier sur soi. Cette forme d'intelligence fonctionne en étroite relation avec l'intelligence interpersonnelle : pour bien fonctionner avec les autres, il faut en effet être au clair avec ses propres émotions, les accepter et savoir les contrôler. En toute logique, l'école devrait en priorité apprendre aux enfants à mobiliser à plein leur intelligence intrapersonnelle, tant celle-ci jouera un rôle clé dans leur développement. À noter que les adeptes de la méditation, grâce à leur pratique régulière, acquièrent une conscience particulièrement éclairée d'eux-mêmes et développent un niveau d'intelligence intrapersonnelle extrêmement élevé. Ce n'est plus une surprise du point de vue des neurosciences puisque nous savons, IRM à l'appui, qu'ils parviennent à modifier en profondeur le fonctionnement et la structure même de leur cerveau grâce à leur pratique méditative.

L'intelligence interpersonnelle

Elle désigne notre capacité à pouvoir interagir favorablement avec les autres, en percevant leurs humeurs, leurs intentions, leurs motivations et leurs émotions du moment. Elle se manifeste par une grande empathie et un sens de l'écoute active, de la coopération et un niveau élevé de tolérance. Elle est très efficace pour la résolution de conflits et le développement du travail en équipe.

Elle nous permet de mieux détecter les intentions cachées ou inavouées des autres. Cette forme d'intelligence se retrouve chez les leaders, les organisateurs, mais aussi les soignants, les psychologues, les humanitaires, les enseignants. L'intelligence interpersonnelle sollicite tout particulièrement les neurones miroirs présents dans l'insula situés dans le cortex cingulaire antérieur. Dans un monde où la capacité à coopérer et à interagir avec les autres devient un élément indispensable du succès (concept d'intelligence collective), il y a aujourd'hui urgence à enseigner à tous nos enfants, et ce dès les premières classes, le b.a.-ba de l'empathie, de l'altruisme, de l'assertivité, de la gestion émotionnelle, avec des exercices et mises en situation le plus pratiques et ludiques possible. Un nombre grandissant de pays, notamment nordiques ou anglo-saxons, se sont d'ailleurs déjà très justement engouffrés dans la brèche…

L'intelligence verbalo-linguistique

Elle est le véritable juge de paix du système éducatif actuel, l'intelligence utilisant le langage pour comprendre les autres et exprimer sa pensée. Autrement dit, notre capacité à choisir et à utiliser les mots efficacement, que ce soit à l'oral ou par écrit. Tout comme l'intelligence logico-mathématique, on la mesure régulièrement dans les tests de QI. Elle permet l'utilisation de la langue maternelle, mais aussi d'autres langues. Elle est également l'intelligence des sons, les mots étant des ensembles de sons. Les politiques, avocats, poètes, écrivains ont évidemment une intelligence verbalo-linguistique très développée, ainsi que toute personne aimant parler, lire, raconter ou entendre des histoires, pratiquer les jeux de mots, etc. La baisse continue de la pratique de la lecture chez les enfants est de ce point de vue un élément inquiétant.

L'intelligence logico-mathématique

Elle fait référence à notre capacité à calculer, quantifier, résoudre des problèmes mathématiques, émettre des hypothèses, être à l'aise avec l'abstrait, les symboles et les signes mathématiques. Les enfants doués d'une intelligence logico-mathématique possèdent une pensée déductive et de causalité (un fait en entraîne un autre avec un fonctionnement séquentiel). Ils ont ainsi une solide capacité à résoudre des problèmes en utilisant un raisonnement logique, étape par étape. Les chercheurs et les scientifiques font naturellement preuve d'une intelligence logico-mathématique très au-dessus de la moyenne. Elle est à la base, avec l'intelligence verbalo-linguistique, de notre système scolaire. À noter cependant que la complexité grandissante de notre monde « multidimensionnel » remet en cause de plus en plus l'intelligence logico-mathématique par nature trop linéaire et non suffisamment multidimensionnelle. Sans parler de l'avènement de l'intelligence artificielle qui, en matière de puissance d'analyse de la donnée, nous est déjà très largement supérieure. Le temps de la suprématie de l'intelligence logico-mathématique à l'école semble ainsi vivre ses derniers jours et il faut s'en réjouir !

L'intelligence musicale

Elle renvoie à notre capacité à discerner des rythmes, des timbres sonores, à percevoir des sons, à rendre des émotions en musique, à écrire des partitions, à reconnaître des modèles musicaux, les mémoriser, les interpréter, à être sensible à la musicalité des mots et des phrases. Elle est tout particulièrement développée chez les musiciens, les chefs d'orchestre, les conteurs, les auteurs-compositeurs-interprètes. Rappelons que la musique, fondamentale dans de nombreuses cultures, est l'une des rares activités à solliciter toutes les parties du cerveau, d'où sa très grande importance pour le développement cérébral, en particulier chez les enfants. Vivre et travailler en musique n'est ainsi pas une excentricité sortie de l'esprit d'enseignants mélomanes mais un pilier du développement cérébral.

L'intelligence visio-spatiale

Elle correspond à notre capacité à penser et raisonner en 3D. Elle sollicite des capacités intellectuelles spécifiques permettant de nous faire mentalement une représentation spatiale du monde et de traduire des actions en images visuelles. Elle est tout à fait reconnaissable chez des personnes capables de se situer dans l'espace ou celles sensibles aux formes et aux couleurs. Les géographes, les architectes, les dessinateurs de mode, les photographes, les cameramen bénéficient de ce potentiel intellectuel très spécifique. À noter que nombre de jeux vidéo, si souvent décriés, permettent de stimuler positivement cette forme d'intelligence.

L'intelligence kinesthésique

Elle exprime notre capacité à utiliser naturellement notre corps pour communiquer, nous exprimer et faire passer des messages. Elle nous permet de réaliser des tâches faisant appel à la motricité fine : manipulation d'objets, performances physiques, pratique de sports, réalisation de mouvements précis. On reconnaît cette forme d'intelligence chez une personne qui utilise son corps pour vivre ses émotions, qui communique par gestes, qui est compétente en coordination, dextérité, flexibilité. Très logiquement, on y retrouve les sportifs, les artistes, les danseurs, les chirurgiens, les artisans. Cette intelligence du corps est intrinsèquement liée à d'autres formes d'intelligences, comme les intelligences intra et interpersonnelles. N'oublions pas que nos émotions, par exemple, qui sont issues de processus très largement inconscients, s'expriment au travers du corps. Raison de plus pour l'écouter attentivement, en prendre soin et travailler dès les premières classes la relation corps/esprit !

L'intelligence naturaliste

Elle se réfère à notre capacité à nous sentir en lien avec le monde du vivant, espèces animales comme végétales, à les observer et à les respecter, à comprendre les écosystèmes, à entrer en résonance avec la nature dans un souci de conservation et de protection de celle-ci. Le biologiste, le botaniste, l'écologiste, l'océanographe, le zoologiste, l'explorateur, le chasseur, le pêcheur, le chef cuisinier développent naturellement cette intelligence en étant toujours très attentifs à leur environnement, en aimant prendre soin des animaux, en cultivant leur jardin, etc. Cette intelligence de la nature se retrouve dans les peuples indigènes qui vivent en étroite communion spirituelle avec leur environnement. Se mettre au vert est par exemple extrêmement bénéfique pour le cerveau, et ce quel que soit son âge. Meilleur apport en oxygène, réduction du stress chronique, rien ne remplace une bonne balade dans la nature pour évacuer et recharger les batteries de nos enfants… comme de nous-mêmes !

Vous l'avez compris, l'immense mérite de cette classification de Howard Gardner est de sortir de la toute-puissance du diktat des deux intelligences verbalo-linguistique et logico-mathématique. Cette approche est confirmée par les neurosciences en montrant par IRM fonctionnelle (qui étudie le fonctionnement du cerveau) et de diffusion (qui étudie la connectivité entre les différentes régions du cerveau) l'extraordinaire activation et plasticité des processus neuronaux en fonction de telle ou telle pensée ou activité. Face à la montée exponentielle de l'intelligence artificielle désormais infiniment supérieure à l'intelligence humaine sur les activités monotâches en termes de puissance de calcul, de diagnostic et d'analyse, la singularité et la plus-value de l'être humain résident bien dans cette incroyable richesse de ses différentes formes d'intelligence et dans sa capacité à les mettre en cohérence afin de produire des idées nouvelles et du sens. Ce que les algorithmes ne savent pas (encore) faire !

Développer les intelligences multiples de nos enfants est ainsi le plus grand défi à venir pour le système éducatif, quand bien même, et il faut le dire, de nombreuses initiatives ont déjà vu le jour en ce sens à travers le monde. L'enjeu est aujourd'hui de modéliser et rendre accessibles ces nouvelles formes d'enseignement à contenu enrichi à tous nos enfants en nous orientant vers un « sur-mesure pédagogique » qui ne serait pas seulement réservé à une minorité socialement favorisée. Soulignons les initiatives intéressantes du ministre de l'Éducation nationale Jean-Michel Blanquer, visant au développement d'une neuropédagogie plus adaptée aux besoins et caractéristiques propres de nos enfants.

Génial, les enfants, vous n'êtes pas (trop) intelligents !

La reconnaissance fondamentale des efforts fournis

Revenons à notre petite famille recomposée préférée en abordant un point fondamental dans l'éducation des enfants formidablement illustré par les travaux de la psychologue américaine Carol S. Dweck, professeur de psychologie sociale à l'université Stanford : l'importance de féliciter les enfants sur le travail fourni et les efforts consentis, et non sur leurs capacités intellectuelles ou dispositions innées. L'auteure de *Changer d'état d'esprit, une nouvelle psychologie de la réussite*[1] relate l'expérimentation suivante : elle sélectionna plus de 400 élèves américains auxquels elle donna un premier test très facile à réaliser. Tous réussirent brillamment l'examen et elle divisa alors les élèves en deux groupes équivalents en nombre et niveau. Elle félicita le premier groupe en mettant en avant leur grande intelligence… et le second groupe en insistant sur leur sens de l'effort. Deuxième étape : elle donna ensuite aux deux groupes le choix entre soit passer un nouveau test plus difficile (ce qui serait une belle opportunité d'apprendre et de progresser), soit refaire un nouveau test aussi facile que le premier. Première surprise de taille : seulement 33 % des élèves félicités pour leur intelligence choisirent le test plus difficile contre 92 % pour les élèves félicités pour leur sens de l'effort ! La raison en est simple : les enfants du premier groupe reconnus pour leur intelligence refusèrent l'obstacle par peur de l'échec et par crainte de décevoir leurs professeurs, redoutant alors de baisser dans leur estime et de voir remis en cause leur statut d'enfant intelligent. Au contraire, les enfants du second groupe (félicités pour leur sens de l'effort) prirent le second test plus difficile comme un nouveau challenge à accomplir et y trouvèrent alors une source supplémentaire de motivation ! Troisième étape : Carol Dweck donna cette fois à l'ensemble des enfants un test extrêmement difficile impossible pour eux à réaliser. Les enfants dits « intelligents » se démobilisèrent par frustration après seulement quelques minutes et abandonnèrent pour la plupart, alors que les

---

1. Publié chez Mardaga en 2010.

enfants dits « travailleurs » prirent cet exercice comme un défi à relever et y trouvèrent du plaisir. Quatrième et dernière étape : Carol Dweck donna aux enfants un ultime test, facile cette fois, de niveau équivalent au test initial. Surprise de nouveau : le score moyen des enfants dits « intelligents » dégringola de 20 %, alors que celui des enfants travailleurs augmenta de 30 % ! Étonnant, non ?

En quoi cette étude est-elle intéressante ? Elle démontre que si les encouragements et la reconnaissance sont des facteurs essentiels au bon développement des enfants (et par extension des adultes), il convient néanmoins d'être particulièrement attentif à mettre l'accent sur le sens de l'effort et non sur les capacités intellectuelles innées. Dans le premier cas, vous motiverez en effet ceux-ci à se dépasser et à aller au-delà de leurs limites cognitives en activant le circuit cérébral de la récompense. Dans le second cas, vous les enfermerez dans un statut qui les condamnera tôt ou tard à l'échec par peur de vous décevoir, ce qui activera cette fois le circuit cérébral de la menace. Comme l'explique si justement Carol Dweck, « l'état d'esprit de développement est basé sur la croyance que vos qualités fondamentales sont des choses que vous pouvez cultiver par vos efforts. Bien que les gens puissent être différents de beaucoup de façons (par leurs talents et aptitudes initiales, leurs intérêts ou leur tempérament), chacun peut changer et se développer par le travail et l'expérience[1] ». Cette nouvelle psychologie de la réussite des enfants renvoie, vous l'avez compris, à la notion fondamentale de neuroplasticité : rien n'est figé dans le cerveau, il faut le dire et le redire, nous ne sommes condamnés à rien et cette façon de penser dichotomique (soit on est doué, soit on est travailleur dans la vie) est une totale absurdité sur le plan cérébral puisque l'effort est précisément ce

---

1. *Ibid.*

qui nous rend plus intelligent. Ce que Jacques Brel avait fort bien théorisé en son temps : « Le talent, ça n'existe pas. Le talent, c'est d'avoir envie de faire quelque chose. La qualité d'un homme se calcule à sa démesure : tentez, essayez, échouez et ce sera votre réussite [...] Je crois qu'avoir envie de réaliser un rêve, c'est le talent. Tout le restant, c'est de la sueur, c'est de la transpiration, de la discipline[1]. »

**Les enfants, si l'on passait
en mode « développement » ?**

Le formidable intérêt des travaux de Carol Dweck est d'inciter les enfants à sortir de leurs croyances limitantes si néfastes du style : « De toute façon, je suis fait comme ça », « Je suis nul en maths », « Le français, c'est pas pour moi », etc., pour se placer dans une posture d'enfants en constant développement ne cessant jamais d'apprendre, de travailler et de progresser. Ne nous y trompons pas : c'est là un changement d'état d'esprit radical susceptible de réorienter une vie dans sa globalité. Votre enfant ne se résume plus à ses échecs ou réussites du moment, mais se définit en fonction de sa capacité à réagir à ceux-ci pour, *in fine*, grandir et s'accomplir dans un mouvement permanent incroyablement ludique. Plus rien n'est définitif, plus rien n'est immuable, votre enfant n'est plus condamné à rien, tout redevient possible, quel incroyable message d'espoir ! L'échec, par exemple, devient dans ce nouveau paradigme formidablement utile et indispensable car il est de nature à vous inciter à travailler différemment pour retrouver le chemin de la réussite. De quoi sacrément développer sa flexibilité mentale. Cela revient, enfants comme adultes, à abandonner nos habits

1. Interview à Knokke 1971 (entretien radiophonique) – www.youtube.com/watch?v=v2pKkDmrBP4

de sachant « monsieur-je-sais-tout » ou de « raté congénital » pour redevenir des apprenants agiles, intrépides et curieux de tout. Redevenir celui que nous étions à l'âge de 2 ans quand nous nous construisions jour après jour à force d'expérimentations plus ou moins inspirées...

Se placer en mode « développement » au niveau de notre état d'esprit (*growth mindset*) n'est pas chose facile, y compris pour les enfants. Le rôle de l'entourage proche (parents, professeurs, éducateurs, etc.) est alors d'autant plus essentiel. En résumant les travaux de Carol Dweck, nous pouvons identifier cinq leviers d'action permettant de mettre les enfants dans les meilleures conditions pour endosser ces habits d'explorateur intrépides de la connaissance :

1. S'attacher exclusivement aux progrès réalisés par l'enfant. Cela signifie sortir du jugement implacable, intempestif et définitif (« Tu es comme ci, tu es comme ça ») pour ne plus considérer que la dynamique d'évolution de l'enfant en étant convaincu de sa capacité de développement.

2. Encourager systématiquement l'enfant sur les stratégies adoptées et le travail réalisé, et non sur son intelligence supposée ou réelle.

3. Donner un feedback précis, rapide et circonstancié permettant à l'enfant de se projeter dans l'avenir en se gardant bien du jugement définitif à son endroit ou à l'inverse de l'excuse trop facile visant à le dédouaner de tout : qu'as-tu appris de cette expérience ? Comment t'y prendras-tu la prochaine fois pour éviter le genre de problèmes rencontrés ? Que peux-tu faire pour réparer tes erreurs ?

4. Fixer des objectifs atteignables et réalistes (réajustables ensuite en fonction des résultats obtenus), non pas avec un objectif de vouloir écraser son petit camarade,

mais plutôt de progresser de façon continue. Pour ce faire, l'enfant doit à la fois ressentir le soutien inconditionnel de l'adulte et sa bienveillance de tous les instants, ce qui n'exclut en aucune façon de dire les choses telles qu'elles sont, y compris et surtout sur ce qui ne va pas. La bienveillance n'est en aucun cas de la faiblesse ou de la lâcheté et s'accorde tout à fait de la notion d'exigence : vous pourrez être d'autant plus exigeant que vous serez bienveillant.

5. Sortir de la logique de contrôle et de flicage permanents pour permettre à l'enfant de progresser et s'épanouir en respectant son propre rythme (le rythme et la temporalité de l'enfant sont souvent très différents de ceux de l'adulte, ne pas être en permanence sur le dos de l'enfant est aussi une marque de confiance à son égard).

LES ENFANTS À HAUT POTENTIEL INTELLECTUEL

Enfants surdoués, précoces, à haut potentiel... la terminologie est riche pour décrire ces enfants aux capacités intellectuelles au-dessus de la moyenne. Notre société de la performance s'intéresse d'ailleurs de très près à ces enfants dits « HP », avec, il faut le dire, parfois un certain nombre de dérives, notamment de la part de parents projetant bien des fantasmes ou d'anciennes frustrations non digérées au travers de la réussite scolaire future de leurs enfants. Tout ce qui touche à l'intelligence, *a fortiori* quand il s'agit de celle de sa progéniture, n'est évidemment jamais neutre, d'autant plus dans un contexte sociétal toujours plus narcissique et compétitif. Cela peut évidemment se comprendre, et loin de nous ici l'idée de juger qui que ce soit. Mais qui sont réellement ces enfants dits « à haut potentiel » ? Qu'ont-ils de différent par rapport aux autres ? Tentons d'en savoir plus…

Des enfants au cerveau augmenté !

Le quotient intellectuel (QI) standard est compris entre 85 et 110. On parle d'enfants à haut potentiel à partir d'un QI supérieur à 130. Les enfants HP présentent tous des caractéristiques communes (hypersensibilité, rapidité de traitement de l'information, hypercontrôle), mais ont aussi leurs spécificités propres inhérentes à leur structure de personnalité et à leur mode d'expression privilégié. Certains seront, par exemple, naturellement plus à leur aise dans la création pure ou l'abstraction, alors que d'autres se sentiront plus attirés par l'expression, le langage ou encore l'action. Première constatation issue des neurosciences, le cerveau des enfants HP évolue de façon différente de celui des enfants dits « normaux ». Leur cortex, couche externe du cerveau composée de matière grise (corps cellulaire des neurones), s'épaissit en fait sur un temps plus long que celui des autres enfants. Or, il faut savoir que l'épaisseur du cortex cérébral dépend de plusieurs choses : du nombre de neurones et de synapses (connexions entre les neurones), de la quantité de cellules gliales (cellules soutenant les neurones), ainsi que de la présence de myéline entourant les axones (prolongements des neurones). Cette maturation plus longue de leur cortex permettra ainsi aux enfants HP d'apprendre plus et plus vite. Et ce n'est pas tout… Les faisceaux de fibres nerveuses reliant les différentes régions cérébrales (ce que l'on appelle la « substance blanche ») sont aussi plus développés chez les enfants HP, en particulier dans la zone du corps calleux entre les deux hémisphères du cerveau. Résultat, leur connectivité cérébrale n'en est ainsi que meilleure dans toutes les parties du cerveau.

Il n'est ainsi pas impropre de parler de « cerveau augmenté » les concernant.

Laminaires *versus* complexes

Il faut distinguer deux types d'enfants HP, les laminaires et les complexes, avec des caractéristiques cérébrales très spécifiques, ce qui explique les différences très importantes en termes de résultats scolaires d'un haut potentiel à l'autre (certains pouvant se retrouver en échec scolaire, alors que d'autres passeront leur bac avec mention « très bien » sans grande difficulté).

▶ Les laminaires présentent une intelligence supérieure homogène avec un bon équilibre entre les fonctions cognitives, relationnelles, émotionnelles et situationnelles. Cela se vérifie à l'IRM fonctionnelle et l'IRM de diffusion avec une activation cérébrale multiple et une vitesse de transfert de l'information, notamment entre les deux hémisphères gauche (HG) et droit (HD), extrêmement rapides. Ce sont eux que l'on qualifie d'enfants surdoués et qui réussissent pratiquement dans tout ce qu'ils entreprennent. La vie est plutôt facile pour les laminaires, leur seule contrainte est de gérer au mieux leurs capacités hors normes en fonction du contexte.

▶ Les complexes présentent une intelligence supérieure hétérogène avec une dyssynchronie entre leur intelligence cognitive et émotionnelle/relationnelle. Ils sont très forts dans certains domaines, mais sont à la peine dans d'autres, notamment pour tout ce qui concerne le contrôle de leurs émotions. Cette particularité se traduit nettement aux IRM fonctionnelle et de diffusion où l'on constate une très forte connectivité du côté de l'hémisphère gauche, mais en revanche une sous-activation entre HG-HD, ainsi que du cortex préfrontal dorsolatéral. Résultat, leurs étonnantes capacités cognitives sont en décalage avec leurs capacités de concentration et/ou leur maturité affective et psychomotrice, ce qui se traduit par une hyperactivité, une hypersensibilité, une grande anxiété et parfois des troubles obsédants de type maniaque.

Pensée divergente *versus* convergente

L'intelligence des enfants HP présente des caractéristiques spécifiques qui restent difficilement mesurables par le seul test du quotient intellectuel. La capacité à trouver des réponses hors cadre et particulièrement créatives à une situation donnée est, par exemple, l'une de leurs caractéristiques bien connues. On évoque alors le concept de « pensée divergente » par opposition à la « pensée convergente » qui, elle, s'appuie sur un déroulement bien plus méthodologique et séquentiel et est généralement privilégiée dans le système éducatif classique. Cette différence d'appréhension des problèmes explique pour partie les difficultés rencontrées à l'école par certains enfants HP qui, pour résoudre un exercice, n'emprunteront pas forcément le même chemin tout tracé que leurs petits camarades.

De l'importance de l'entourage proche

Tout l'enjeu pour les enfants HP est de pouvoir trouver leur juste place dans un monde bien trop formaté à leur goût. L'un des risques bien connus pour l'enfant précoce est, par exemple, de se contenter de satisfaire les exigences de ses parents et/ou de ses professeurs en mettant en stand-by ses propres talents et intérêts personnels. Ce sera une façon pour lui de « rentrer dans les cases » avec cependant le risque évident à terme, en niant ainsi sa singularité, de finir par ressentir un découragement généralisé. Les enfants HP ont ainsi besoin d'un espace de liberté, de confiance et d'autonomie important pour donner le meilleur d'eux-mêmes et ainsi pouvoir se réaliser en tant qu'enfants… et plus tard comme adultes ! Autre difficulté potentielle, les enfants HP vont naturellement très vite et ont une curiosité et une envie de savoir sans limites, ce qui peut rapidement poser problème au sein de la structure familiale (jalousies entre frères et sœurs, conflits avec les parents auxquels ils peuvent facilement tenir tête, épuisement de l'entourage, etc.).

Vive la neuroéducation pour les HP !

« Les enfants HP pensent très vite, cela donne un aspect intuitif à leurs réponses[1] », explique Olivier Revol, enseignant à l'université Claude-Bernard Lyon 1 et responsable du service de psychiatrie de l'enfant à l'hôpital neurologique de Bron. « Ils ont recours à la mémoire épisodique pour faire des comparaisons et des liens avec ce qu'ils ont déjà vécu. Ils font travailler des réseaux neuronaux plus étendus et activent sans doute davantage de zones du cortex : on parle de pensée en arborescence. » Le haut potentiel intellectuel est ainsi abordé par l'Éducation nationale davantage comme un trouble de l'apprentissage nécessitant une approche personnalisée. La neuroéducation, fondée sur l'utilisation des connaissances des neurosciences pour faciliter l'apprentissage des enfants et concevoir des méthodes pédagogiques sur mesure adaptées au fonctionnement cognitif, a d'évidence toute sa place dans la prise en charge des enfants HP au sein du système éducatif classique. Faute de quoi ces enfants, pour s'épanouir, n'auront d'autre choix, si leurs parents en ont les moyens, que de se diriger vers des systèmes éducatifs privés et onéreux.

---

1. Olivier Revol, « Les enfants précoces ont-ils un cerveau différent ? », *Sciences pour tous* (site de diffusion des savoirs de l'université Claude-Bernard Lyon 1), septembre 2014.

LE MYSTÈRE DES ENFANTS RÉSILIENTS

Avec la confrontation à la mort et à la fragilité de la vie, Manon, pour reprendre l'expression si juste de Boris Cyrulnik, est prématurément venue à son histoire. Plus rien pour elle ne sera désormais comme avant, l'irruption du drame surgi de nulle part trace un nouveau point de départ dans sa vie, pour le pire dans un premier temps, et peut-être pour le meilleur ensuite selon le processus de résilience qu'elle pourra ou non enclencher. Une chose est sûre : il lui faudra désormais vivre avec cette singularité qui fera partie intégrante de son être et de son histoire pour le reste de son existence.

Les émotions, les pensées, les attitudes de ces enfants confrontés au pire sont multiples, complexes, souvent contradictoires en apparence et bien difficiles à déchiffrer pour l'extérieur… Les enfants résilients développent un monde secret et intime dans lequel ils vont tenter de trouver et donner du sens à l'invraisemblable, une rage de comprendre d'où ils pourront ensuite tirer leur force. Ce sont des enfants à la fois hypersensibles et dans le même temps très orgueilleux. Pas question de laisser transparaître à l'extérieur leur vulnérabilité ou la moindre trace de faiblesse. Ils se cacheront pour pleurer. Pour ne jamais être pris en défaut, ils vont développer une stratégie imparable : occuper le terrain ! Et n'être jamais là où on les attend dans le but de ne jamais subir ou, pire, être pris au dépourvu. Ces enfants résilients apprennent très tôt à être dans le contrôle permanent, à anticiper, à maîtriser, à donner le *la*… Un puissant mécanisme de survie à court terme qui, à plus long terme, peut se transformer en véritable handicap avec en particulier une difficulté récurrente à lâcher prise et à s'intégrer au sein d'un groupe. Les résilients sont et restent au fond d'eux-mêmes de très grands solitaires, quels que soient leurs efforts de diversion pour amuser la galerie… ou la détourner des vraies questions.

Il y a schématiquement deux façons de réagir aux épreuves : soit vous restez fracassé et entamez « une carrière de victime » selon l'expression de Boris Cyrulnik, soit vous rebondissez en sublimant votre souffrance, en vous jouant de l'adversité, en défiant la destinée. Les résilients n'éprouvent aucune fascination pour la mort ou la maladie, mais doivent composer avec elles puisque celles-ci se sont invitées à leur table sans y avoir été conviées. Dès lors, il s'agit de donner forme à tout cela, et une forme la plus cohérente possible pour construire le socle du rebond. Manon va ainsi imaginer un rapport à l'existence qui n'appartiendra qu'à elle. Les résilients ne sont pas des super-héros, ils apprennent simplement à enclencher des processus automatiques de survie dès que les vents deviennent contraires. Avec une condition indispensable : celle de pouvoir élaborer une stratégie de réponse et être aussi vite que possible dans l'action. Un résilient sans perspective est nu, désarmé. La surprenante maturité de Manon doit aussi se comprendre à l'aune de sa capacité, exceptionnelle pour son jeune âge, à rechercher ses aspirations les plus intimes et profondes qu'elle tentera ensuite, bon an mal an, de réaliser dans sa vie d'adolescente puis d'adulte. Si le destin a décidé de vous épargner, vous finissez par vous dire en tant que résilient que vous vous devez, pour ceux qui ne sont plus là, de vous montrer à la hauteur et de donner un sens à votre présence sur terre. Et essayer d'être utile. À vous-même et aux autres. Ce sera tout le défi de Manon pour sa vie future. Un défi complexe, difficile et exaltant.

La résilience reste en bien des points énigmatique et complexe sur un plan scientifique, puisqu'elle renvoie à une interaction entre des prédispositions génétiques, des événements de vie, un environnement familial, social, culturel, etc. Probablement l'exceptionnelle capacité de Manon à affronter les éléments contraires peut-elle, en partie, s'expliquer par une prédisposition génétique favorable... mais aussi sur le fait d'avoir eu sept premières années très favorisées avec une très forte sécurisation affective et intellectuelle de la part de ses proches (théorie de l'attachement). C'est à ce moment-là que les fondations se sont construites et fortifiées, avec la création d'une réserve cognitive dans laquelle elle peut allègrement puiser dans les jours difficiles.

Quel avenir pour Manon ? Difficile de répondre à cette question. Une chose est sûre, il sera singulier et probablement hors des sentiers battus. Les résilients ont toujours cette tendance à vouloir faire de leur vie un roman, au prix parfois de risques insensés vu de l'extérieur. Mais au fond d'eux-mêmes, ils savent bien que le pire risque pour eux serait de ne pas en prendre. Ils construisent leur histoire en mixant, avec le talent et le mystère qui sont les leurs, une étonnante alchimie d'altruisme raisonné et de mégalomanie pragmatique. Ils veulent laisser une trace, être utile, pouvoir se dire jusqu'au dernier souffle de leur vie que tout cela n'a pas été vain. En gardant à l'esprit cette phrase de Camus qui résume finalement assez bien leur odyssée : « Être différent n'est ni une bonne, ni une mauvaise chose. Cela signifie que vous êtes suffisamment courageux pour être vous-même. » C'est le chemin étonnant et inédit qui attend la petite Manon, avec le prix à payer d'une certaine solitude subie dans un premier temps, puis assumée, voire recherchée.

La caractéristique des résilients est d'être, en réaction aux événements contraires, amenés à développer une intelligence multidimensionnelle malaxant en permanence des éléments de dimension analytique, émotionnelle, relationnelle, adaptative... Ce sont des caméléons cérébraux !

Il semblerait que cette multisollicitation cérébrale se confirme par imagerie médicale avec notamment une suractivation fronto-limbique entre les cerveaux cognitif et émotionnel et une forte connectivité entre les deux hémisphères gauche et droit (ces hypothèses nécessitant d'être approfondies). Une chose est certaine : les résilients sont d'infatigables chercheurs et des apprenants permanents, ce qui nourrit et renforce chaque jour davantage leur neuroplasticité naturelle. Cette appétence pour l'autre et pour la recherche de sens, ce puissant engagement pour les idées et les actes, cette aptitude à aimer davantage les questions que les réponses, en font des personnalités singulières et détonantes. Manon, en enfant résiliente, ne laissera personne indifférente. La vie lui tend les bras !

NOS ENFANTS CHEZ LES PSYS ?

Réservée aux cas psychopathologiques sévères il y a encore une génération, la consultation psy réservée aux enfants et adolescents s'est développée, selon l'avis des spécialistes de santé mentale, de façon notable ces dernières années, même si l'on peine à avoir des données précises en la matière. Dans le rapport « Mission Bien-être & Santé des jeunes » corédigé par le professeur de psychiatrie de l'enfant et de l'adolescent Marie-Rose Moro et l'inspecteur d'académie Jean-Louis Brison, on notait en 2015 qu'un quart des consultations psy dans des structures dédiées concernait des mineurs, ce qui démontre que cette pratique n'a plus rien de marginal. Parmi ces consultations, le premier motif relève de difficultés rencontrées à l'école par l'enfant ou l'adolescent, que ce soit des difficultés d'apprentissage et/ou des difficultés relationnelles vis-à-vis des autres élèves et/ou des professeurs.

Une psychologisation excessive ?

Une telle évolution ne manque évidemment pas de marquer les esprits et tout l'enjeu est de tenter d'en cerner les raisons : la société est-elle aujourd'hui plus dure et stressante pour nos enfants qu'auparavant ? Les parents sont-ils plus inquiets et anxieux que les générations précédentes quant à l'avenir de leurs enfants ? Sommes-nous collectivement tombés dans un schéma de victimisation à outrance des enfants ? Le modèle de bonheur et de réussite à tout prix que l'on nous vend à tour de bras est-il en train de tourner à la tyrannie (concept d'happycratie) en faisant de nous et de nos enfants des angoissés de première ? Beaucoup de professionnels de santé mentale alertent régulièrement sur une évolution sociétale qui, effectivement, donne d'inquiétants signaux : narcissisme ambiant prédominant, attentes démesurées des parents, intolérance grandissante à la frustration, exacerbation des peurs, diagnostics pédo-psy « sauvages » établis par des personnes non qualifiées… un cocktail explosif aboutissant pour les parents à se construire une vision inquiète, négative et anxiogène de l'avenir en général et de celui de leurs enfants en particulier. Autre stigmate représentatif de notre époque, il semble que cette nouvelle génération n'ait jamais connu en son sein autant de génies et d'enfants précoces à haut potentiel ! Dans cette course effrénée à la performance et à la perfection, de plus cn plus de parents en effet, pour se rassurer ou par simple vanité et projection narcissique, semblent se convaincre des capacités hors normes de leur progéniture, miroir aux alouettes savamment orchestré par quelques intérêts privés ayant bien compris tout l'avantage à retirer de cette situation.

Quand consulter pour votre enfant ?

Savoir distinguer un état normal un peu agité d'une véritable évolution à caractère pathologique n'est pas chose aisée. Rappelons, et il faut s'en réjouir, qu'il y a eu depuis les années 1950 une évolution très importante de la prise en charge de la santé mentale des enfants. Des indices permettent de donner quelques indications précieuses. Premièrement, l'intensité et la fréquence des troubles comportementaux et/ou du mal-être et des épisodes à caractère dépressif. Deuxièmement, la durée de ceux-ci. Si votre enfant présente, par exemple, des troubles du sommeil en continu depuis plus de deux mois, il s'agit là d'un signal d'alarme à prendre au sérieux. La question fondamentale est de pouvoir distinguer ce qui relève du contextuel et donc du provisoire (par exemple « la dépression de la rentrée scolaire », votre enfant n'a pas le moral car il se retrouve du jour au lendemain, après avoir passé des vacances géniales, dans une classe où il ne connaît pas grand monde avec des profs qu'il n'aime pas…), de ce qui relève d'une atteinte plus sérieuse de nature psychologique/psychiatrique. Dans le doute, il est bien évident que le principe de précaution s'applique et qu'une consultation chez un psy peut s'avérer très utile pour clarifier une situation préoccupante ou peu claire. Cette démarche toutefois ne saurait dédouaner à bon compte l'adulte de son rôle éducatif majeur par rapport à son enfant : écoute, confiance, respect, présence, attention bienveillante, exemplarité… La magie du psy n'existe pas et l'enfant ne saurait faire office de patate chaude que l'on se passe d'un adulte à un autre en espérant que le spécialiste trouvera la pilule miracle…

Où emmener votre enfant ?

Consulter un professionnel de santé n'a jamais rien d'anodin, *a fortiori* lorsqu'il s'agit de santé mentale. C'est une décision importante qui se prend après réflexion. Pour autant, on constate chez les parents dont les enfants rencontrent des problèmes une relative ignorance des spécificités des différents métiers se regroupant dans cette appellation totalement fourre-tout de « psy ». Et cette méconnaissance est tout sauf neutre ! Les psys ont en effet chacun leur obédience particulière qui déterminera en grande partie le type de prise en charge proposée. Un « freudien » aura ainsi une grille de lecture et d'action différente d'un thérapeute comportemental. Il importe ainsi pour les parents, avant de consulter, de s'informer sur la qualification spécifique du professionnel de santé mentale et de prendre des avis, au lieu de franchir la porte du premier psy trouvé au coin de la rue.

Il faut distinguer quatre types de profession entourant la santé mentale des enfants et adolescents.

Le psychologue clinicien

Le psychologue clinicien a pour spécialité l'étude du comportement humain et son fonctionnement psychique. On le consulte pour des problèmes psychologiques ou pour une souffrance émotionnelle. Il est diplômé en psychologie (diplôme reconnu par l'État de niveau bac + 5) et n'est donc pas médecin. Il peut exercer en libéral ou en institution. Le psychologue clinicien va s'entretenir avec l'enfant concerné (et bien souvent avec son entourage proche) et pourra également lui faire passer une série de tests de personnalité afin de pouvoir poser un diagnostic. Il cherchera ensuite à soutenir le travail introspectif de l'enfant pour l'aider à résoudre sa difficulté émotionnelle et/ou orientera celui-ci à d'autres professionnels de santé mentale en cas de suspicion de troubles psychiatriques plus graves.

Le psychothérapeute

Le psychothérapeute (du grec « soin de l'âme ») a pour rôle de soigner les troubles psychologiques, sociaux et psychosomatiques de ses patients en recourant à des thérapies très diverses : thérapies cognitivo-comportementales (TCC), hypnose ericksonienne, PNL, analyse transactionnelle, EMDR, art-thérapie, etc. Réglementé par le décret du 22 mai 2010, le titre de psychothérapeute est désormais réservé aux détenteurs d'un master ayant suivi une formation spécifique en psychopathologie clinique suivie par un stage en institution. Les détenteurs du titre doivent être inscrits au Registre national des psychothérapeutes.

Le psychanalyste

Le psychanalyste est un adepte de la psychologie clinique développée par Sigmund Freud. Il écoute les associations libres de son patient d'une manière neutre et bienveillante en travaillant principalement sur le lien entre conscient et inconscient. Un travail personnel de plusieurs années, une formation théorique et clinique dans l'une des écoles psychanalytiques et une supervision pour les premières analyses sont des conditions minimales d'exercice de cette profession, d'autant plus que celle-ci n'est pas reconnue par l'État et ne fait pas l'objet d'un cursus universitaire spécifique. Différentes écoles de psychanalyse coexistent issues de la pensée des psychanalystes les plus illustres : Freud, Jung, Lacan, Dolto, etc.

Le pédopsychiatre

Le pédopsychiatre est un médecin qui, après son cursus de formation initiale, s'est spécialisé en santé mentale et en psychiatrie infantile. Il est le seul praticien à pouvoir prescrire des médicaments. Il peut traiter des maladies mentales graves, comme les psychoses, la schizophrénie, les maniaco-dépressions, etc. À ce titre, il peut proposer une hospitalisation dans un centre spécialisé, voire l'imposer s'il suspecte une possible mise en danger de l'enfant. Le pédopsychiatre peut également exercer les fonctions de psychothérapeute s'il s'est formé à cette discipline.

5 CONSEILS POUR AIDER L'ENFANT À MIEUX VIVRE SES ÉMOTIONS

Accompagner un enfant en proie à des difficultés d'ordre émotionnel n'est pas chose facile, *a fortiori* lorsqu'il s'agit de son propre enfant. Et s'il existait une solution ou une approche miracle, cela se saurait depuis le temps. Chaque enfant est unique avec sa propre histoire personnelle et familiale, sa propre génétique, sa propre expérience de la vie, ce qui rend la prise en charge d'une incroyable complexité. Pourquoi deux enfants de la même fratrie, élevés dans des conditions similaires, pourront à la suite d'un drame familial réagir et se développer de façon totalement opposée ? Il y a sur ces questions un épais mystère que ni la psychanalyse, ni la psychologie, ni les neurosciences n'ont à ce jour percé. Il faut avoir l'humilité et l'honnêteté de le reconnaître.

Bien sûr, cela ne signifie pas pour autant qu'il n'y a rien à faire et qu'il faille se résoudre à la fatalité. Voici cinq conseils utiles tirés des avancées en neuropsychologie qui vous permettront de mieux faire face aux difficultés émotionnelles rencontrées par votre enfant. Nous nous sommes volontairement limité à cinq dans un souci de lisibilité et d'efficacité. Il y aurait bien entendu beaucoup d'autres éléments à traiter et nous vous incitons vivement, si vous souhaitez aller plus loin sur le sujet, à lire ou relire tout particulièrement les excellents ouvrages du docteur Catherine Gueguen.

1. S'armer de patience

La colère, la frustration, la tristesse, tout particulièrement chez les tout-petits, s'expliquent par leur incapacité anatomique à réguler leurs émotions. Les structures frontales de leur cerveau, en charge de la régulation des émotions, se développent graduellement tout au long de l'enfance et de l'adolescence. Cela signifie que si vos enfants, sur le plan émotionnel, sont munis de la pédale d'accélérateur dès leur naissance, ils n'ont pas la pédale de frein, d'où cette instabilité émotionnelle permanente et ces emballements non contrôlés. C'est ainsi à l'adulte de jouer ce rôle de temporisation pour aider son enfant à se développer progressivement, et non l'enfermer dans une impasse émotionnelle négative. Cela réclame de la compréhension et, parfois, il est vrai, une infinie patience. Mais il faut bien comprendre qu'il n'y a pas d'autres options. Ni l'énervement ni la violence verbale ou physique ne régleront le problème, bien au contraire. Ils ne feront qu'altérer le bon développement du cerveau de l'enfant, parfois de façon irrémédiable si cette violence est répétée et régulière.

2. La régulation émotionnelle par la respiration/méditation

Des exercices simples de respiration, telle la cohérence cardiaque expliquée ci-après, et/ou de méditation, ont prouvé toute leur efficacité sur la capacité des enfants à mieux vivre leurs émotions. La littérature neuroscientifique est très abondante sur le sujet depuis plus de vingt ans maintenant, la preuve n'est plus à faire. Il faut mettre en application ! Ces exercices simples et gratuits doivent, pour être efficaces, être réalisés chaque jour, mais rassurez-vous, quelques minutes suffisent. Apprendre à mieux respirer n'est pas une option ou une excentricité de méditant, c'est un impératif de santé mentale pour les petits… comme pour les plus grands.

3. La compréhension et l'acceptation

Les émotions négatives sont le fruit de processus très largement inconscients, ce qui explique qu'elles nous submergent sans crier gare. Il est dès lors très important pour nos enfants de pouvoir poser des mots sur leur état émotionnel et de le verbaliser afin de ramener ces processus à la conscience : je ressens quel type d'émotions négatives ? Est-ce de la colère ? de la frustration ? de la tristesse ? de la jalousie ? Faire cet effort conscient de compréhension de ses propres émotions va permettre à l'enfant d'en diminuer l'intensité quasi instantanément et constitue un préalable indispensable à l'étape suivante : leur acceptation. Les neurosciences nous enseignent en effet qu'il est totalement contre-productif de fuir ces émotions, au risque de les enfermer pour de bon. Pleurer va permettre à l'enfant, *via* les larmes, d'évacuer les hormones du stress, ce qui explique son état de soulagement après un gros chagrin. Exprimer sa colère peut aussi lui permettre de mobiliser une énergie supplémentaire pour trouver des solutions nouvelles, pour autant que cette colère ne l'ait pas submergé. C'est tout le travail d'accompagnement des parents et des professionnels de l'enfance, et leur responsabilité, que d'encourager les enfants à développer cette connaissance plus fine et intime de soi.

4. La pensée positive

La pensée positive et la mentalisation ont laissé, et laissent encore, perplexes grand nombre de parents et de professionnels de santé. Et pourtant de nombreuses études neuroscientifiques attestent de leur efficacité. Le simple fait, par exemple, d'écrire à la main sur un cahier, chaque soir avant de se coucher, trois petits événements heureux de la journée, aura un impact durant la nuit sur la cartographie cérébrale de l'enfant. Nous ne sommes plus ici dans les croyances naïves du monde de Oui-Oui, mais dans la neuropsychologie de pointe avec à l'appui le résultat de très nombreuses études menées sur le sujet par les plus grands centres de recherche du monde entier. Cette capacité à reconfigurer nos circuits cérébraux par la pensée positive est aujourd'hui avérée et indiscutable. Elle l'est d'autant plus avec les enfants qui ont un niveau de neuroplasticité exceptionnel. Mais pour des résultats probants, il faut entraîner le cerveau de nos enfants à avoir au quotidien un biais positif sur les choses : un échec n'est pas une catastrophe, mais un passage obligé indispensable qui mènera vers le succès, une mauvaise note est une occasion d'apprendre, une rupture amoureuse est une nouvelle étape, etc. On ne naît pas optimiste impénitent, on le devient à force de travail cérébral et de discipline sur soi-même. L'exemplarité des figures d'attachement de l'enfant (parents, famille, amis, professeurs) est ici cruciale, notamment au travers des phénomènes de résonance affective (implication des neurones miroirs). Gardez bien à l'esprit que les enfants apprennent avant tout par mimétisme inconscient !

5. Le décentrage

Une technique efficace de régulation émotionnelle consiste à se décentrer de la situation émotionnelle négative, tant physiquement que mentalement. Si votre enfant fait face à des problèmes dans son environnement proche, il peut être utile, pour libérer sa parole, de le sortir provisoirement de son milieu ambiant. Cela facilitera sa prise de recul et le travail nécessaire de flexibilité mentale qu'il aura à mener pour réexaminer sa situation et pourquoi pas (ré)apprendre à la positiver (travail de relativisation et de réinterprétation positive). Apprendre à un enfant à se décentrer, dans un monde digital où le narcissisme envahit nos écrans, est la meilleure façon de l'aider à se construire en développant sa propre culture de libre arbitre et de discernement. Un mix d'intelligence situationnelle, intrapersonnelle et interpersonnelle qui lui sera utile tout au long de son existence !

LA COHÉRENCE CARDIAQUE DANS TOUTES NOS ÉCOLES !

La cohérence cardiaque est un exercice de contrôle de notre respiration très simple et accessible à tous les enfants de tous âges ayant pour effet de mettre en cohérence le fonctionnement de notre cœur sur celui de notre cerveau. En travaillant sur leur respiration, les enfants (et les adultes !) apprennent à contrôler les variations de leur fréquence cardiaque, ce qui a pour effet d'uniformiser le fonctionnement de leur cerveau.

Ses bienfaits sont nombreux et désormais très largement renseignés du point de vie neuroscientifique. En particulier :

▶ réduction de l'intensité des effets du stress sur l'organisme (baisse du cortisol) ;

▶ augmentation des capacités d'apprentissage et de mémorisation (*via* l'augmentation de la densité neuronale au niveau de l'hippocampe) ;

▶ augmentation de la sensation de bien-être et de la motivation ;

▶ renforcement de l'efficacité du système de défense immunitaire.

La cohérence cardiaque est un exercice simple, gratuit, peu contraignant et très facilement applicable, avec des résultats mesurables dès quatre à cinq semaines de pratique, ce qui fait de cette technique un outil extraordinaire pour nos enfants et nos enseignants. Son principe est simple : il s'agit de mieux contrôler nos battements cardiaques dans le but de jouer sur le cerveau par le biais du système nerveux autonome (activation du système parasympathique qui a pour effet d'apaiser la machine cérébrale). Les effets neurobiologiques sont avérés dont :

▶ diminution de notre taux de cortisol (hormone du stress) ;

▶ augmentation des niveaux de dopamine, sérotonine et DHEA ;

▶ modification du niveau des ondes cérébrales.

Comment pratiquer la cohérence cardiaque ?

La cohérence cardiaque est optimale lorsque la fréquence est de six cycles respiratoires par minute, soit six inspirations et six expirations. La méthode 365, dont les résultats bénéfiques pour l'organisme sont scientifiquement prouvés, consiste à :

▶ inspirer par le nez pendant 5 secondes en adoptant une respiration abdominale (le ventre se gonfle) ;

▶ expirer ensuite par la bouche pendant 5 secondes également (sans bloquer ni forcer la respiration) ;

▶ répéter cet exercice de respiration pendant 5 minutes à raison de 3 fois par jour : le matin au réveil, le midi et en fin de journée, d'où son nom 365 : 3 fois par jour – 6 respirations par minute – pendant 5 minutes.

Des expérimentations probantes partout dans le monde

La cohérence cardiaque a été testée dans de nombreuses écoles à travers le monde (notamment au Canada, aux États-Unis, en Scandinavie) en raison de son rapport assez unique entre, d'une part, l'extrême facilité de sa mise en place et, d'autre part, son efficacité neurobiologique avérée sur le cerveau des enfants. Chaque fois avec des résultats très positifs, que ce soit en termes de capacités attentionnelles et d'apprentissage rehaussées pour les enfants, mais aussi de baisse des tensions entre élèves eux-mêmes et/ou entre élèves et enseignants... et même d'augmentation des notes scolaires, dernier critère si important dans le système éducatif français.

Information intéressante, il faut savoir qu'en France la cohérence cardiaque est utilisée depuis des années pour former nos pilotes de chasse à la gestion de leur stress, ce qui tend à prouver et à confirmer sa très grande efficacité. Il peut paraître dès lors étonnant de se dire que ce qui est considéré comme essentiel pour nos pilotes de chasse ne l'est pas encore pour nos enfants. Il est aujourd'hui temps de réparer cette anomalie et d'introduire la cohérence cardiaque dans toutes nos écoles en France pour le plus grand bien-être de nos enfants, mais aussi de nos enseignants, de nos parents, et plus largement de notre société.

Y A QUOI À LA CANTOCHE CE MIDI ?

BIEN NOURRIR LE CERVEAU DE VOTRE ENFANT

Alex et Manon ont un rapport à la nourriture pour le moins singulier : Alex pourrait se nourrir tous les jours de burgers-frites, mais sait apprécier des mets plus raffinés, quand sa petite sœur, elle, ne verrait absolument aucun inconvénient, bien au contraire, à ne manger que des pâtes ou des galettes au jambon tant elle est archi-difficile et peu intéressée par la cuisine. Pas simple pour vivre en société, en particulier dans un pays comme la France où la nourriture joue culturellement un rôle si particulier ! Pierre a pourtant, de son côté, bien essayé différentes stratégies pour éveiller la curiosité culinaire de Manon mais rien n'y a fait... Manon n'aime rien ! Il faut dire pour sa défense que passer des heures derrière leurs fourneaux n'est ni la tasse de thé de Pierre ou de Sam, et encore moins de Florence, sa maman, étrangère à tout ce qui ressemble de près ou de loin à de la nourriture... En termes de mimétisme et d'exemplarité familiale, on a vu largement mieux !

Le drame de Pierre est qu'il adore la bouffe, mais uniquement au resto, chez les autres ou venant du traiteur. Pour le « home-made » en revanche, on repassera, en dehors de quelques vagues salades composées ici et là dont il ne cesse de vanter outrageusement les mérites, se disant que l'on n'est jamais aussi bien servi que par soi-même, y compris pour les compliments. Alex, très fusionnel avec son père, et tout particulièrement quand ça l'arrange, a adopté un rapport à la nourriture assez proche de celui de Pierre...

à une exception près et de taille : le fast-food ! Si Pierre ne rechigne pas à en manger un de temps en temps, il ne conçoit pas comment il est possible d'y aller plusieurs fois par semaine, ce qui ne pose à l'évidence pas de difficultés majeures à son fils. Il faut préciser que son estomac ne le conçoit pas davantage, ce qui l'aide à renforcer son aversion.

Manon a déjà bien compris que le fait d'être aussi difficile allait être un handicap important dans sa vie sociale. Chaque fois qu'elle est invitée quelque part ou doit partir en voyage scolaire, sa première et principale préoccupation est de savoir ce qu'il y aura à manger. En bonne enfant résiliente orgueilleuse et désireuse de ne pas attirer l'attention, Manon redoute ainsi d'être prise en défaut publiquement en devant laisser de côté ses assiettes pleines. Seule solution possible, elle prévoit tout en amont pour tout maîtriser. Ainsi, chez ses copines et ailleurs, c'est toujours elle qui, d'une façon ou d'une autre, s'arrange pour faire le menu… Quant aux restos où Pierre l'emmène régulièrement, Manon a le mérite d'éviter aux serveurs de trop fortes migraines : pizza Margherita et Ice Tea au menu et basta !

Nathan, quant à lui, eut le grand bonheur de bénéficier d'un service « home-made » trois étoiles pendant de très nombreux mois, en tétant goulûment les seins fort appétissants de Sam. D'où une frustration bien cruelle quand Sam, éreintée, dut se résoudre à stopper net « le service en chambre premium ». Un Nathan soudainement désœuvré et devenu grognon, on le comprend aisément, qui n'eut d'autre choix que de porter son intérêt vers d'autres sources d'alimentation bien moins inspirantes.

Rien n'est donc simple dans la confection des repas chez Pierre et sa petite tribu ; on est loin d'être dans le modèle idéal, ce dont il a bien conscience. La seule bonne nouvelle sur le dossier est que ses trois enfants sont en bonne santé et pile dans la moyenne des courbes de poids de leurs tranches d'âges. Philosophe et un chouia résigné, Pierre s'en satisfait à défaut de s'enorgueillir, en regrettant toutefois de ne pas avoir su suffisamment transmettre le goût des bonnes choses à ses enfants. Cent fois sur le métier tu remettras ton ouvrage…

UN CERVEAU HEUREUX EST UN CERVEAU BIEN ALIMENTÉ !

Plus les études avancent sur l'extraordinaire sujet du lien entre l'alimentation et le fonctionnement cérébral, plus les chercheurs sont impressionnés de réaliser à quel point ce que nous mangeons impacte très directement la manière de fonctionner de notre cerveau. L'intestin, deuxième cerveau avec ses centaines de millions de neurones, n'est pas un neuro-mythe ! À titre d'exemple, on a longtemps cru que les dysfonctionnements cérébraux entraînaient des altérations intestinales, ce qui est exact et a nourri nombre d'expressions usuelles du langage populaire (« avoir le ventre noué », « se faire de la bile », etc.), mais ce qui est plus étonnant est de réaliser que l'inverse est tout aussi vrai : des altérations bactériennes au niveau intestinal liées à une alimentation de mauvaise qualité provoquent des dysfonctionnements cérébraux. *A fortiori* sur des cerveaux en pleine construction comme celui des enfants (notons que cette interaction intestin-cerveau commence dès les premiers jours de grossesse).

Faire attention à son alimentation est ainsi non seulement important pour le corps, mais aussi, ce que le grand public sait moins, pour le cerveau. À titre d'exemple, la création de nouveaux neurones dans la zone stratégique de l'hippocampe (impliquée dans la mémoire et l'apprentissage) dépend en grande partie de ce que nous allons manger selon un principe assez simple : la flore intestinale (biotope intestinal) produit à partir des aliments ingérés des espèces bactériennes qui agissent par voie sanguine sur les cellules souches présentes dans l'hippocampe. Ces cellules souches, si elles sont correctement nourries, pourront se transformer en nouveaux neurones. Ainsi, une alimentation équilibrée favorisera la neurogenèse alors qu'une alimentation peu variée riche en sucres rapides et en graisses saturées inhibera ce processus en développant des espèces bactériennes qui agiront comme de véritables verrous inhibant la production de nouveaux neurones. La relation cerveau-intestin est ainsi cruciale.

Représentant environ 2 % de la masse corporelle globale, le cerveau consomme jusqu'à 20 % de l'énergie totale du corps. Le cerveau doit ainsi être nourri et bien nourri, l'alimentation est un pilier du fonctionnement cérébral.

Nous allons détailler ci-dessous toute une série d'aliments qui ont une action positive directe sur le cerveau. Bien entendu, l'alimentation doit être adaptée à l'âge de vos enfants et ceux-ci ne sont absolument pas obligés de tout aimer. Il ne sert à rien de les forcer, sauf à vous enfermer dans une éducation fondée sur la peur et la contrainte qui mènera à l'impasse et altérera le développement cérébral de vos tout-petits, ce qui est le résultat exactement contraire au but recherché. Manger du boudin noir ou des maquereaux n'est donc pas une absolue obligation pour les neurones de vos enfants, rassurez-vous… et rassurez-les. L'idée est davantage d'évoluer progressivement, et à leur rythme, vers une alimentation plus saine, sans se priver de tous ces délicieux petits plaisirs dont ils raffolent tant, même si ces derniers ne sont pas toujours très « neuro-friendly » ! Dit autrement, il s'agit de les éduquer à la richesse des saveurs de façon ludique et conviviale, en adoptant dans le même temps une certaine souplesse. Basta les ayatollahs de la cuisine, et comme toujours avec le cerveau, vive le plaisir et la diversité ! La table ne doit pas devenir une ligne de front entre les adultes et les enfants, et encore moins un terrain d'affrontements synonyme de psychodrames où chacun en ressortira excédé et perdant…

Parmi les aliments intéressants pour le cerveau, nous pouvons distinguer :

Les fruits et légumes frais

Tomates, oranges, pomelos, poivrons, potirons, abricots, pêches, mûres, framboises, fraises, myrtilles, avocats, carottes contiennent notamment du bêtacarotène, un pigment qui se transforme en vitamine A antioxydante, ce qui signifie que ces aliments s'attaquent aux radicaux libres, ces substances toxiques qui endommagent nos cellules. Ils aident également à combattre la fatigue et le stress. À consommer crus ou cuits à la vapeur ou en papillote, afin qu'ils conservent toutes leurs propriétés.

Les produits laitiers

Lait (demi-écrémé), fromages, yaourts. Ils apportent des protéines et des vitamines B2, nécessaires au développement du cerveau, et B12, vitamine du développement intellectuel.

Les huiles de colza, d'olive,
de pépins de raisins et de noix

Riches en acides gras monoinsaturés, oméga-3 et en vitamines E, les huiles végétales protègent le cerveau en neutralisant les radicaux libres.

Les glucides à indice glycémique bas

Céréales complètes, légumineuses, fèves, haricots, pâtes, riz brun, pain au seigle, etc. sont riches en glucides complexes, vitamine B, et apportent du fer et du zinc.

Les fruits secs et oléagineux

Raisins secs, abricots secs, amandes, noisettes, noix, noix de cajou sont riches en minéraux et en oligoéléments, tels que le zinc et le cuivre, utiles pour l'apprentissage, la réflexion, la mémoire et l'attention. Présence d'oméga-3 dans les noix.

Les poissons gras

Sardine, maquereau, hareng, thon, saumon sont riches en oméga-3 (DHA et EPA) essentiels au fonctionnement de nos neurones, avec un rôle important avéré sur la mémoire.

Les abats

Foie (bœuf ou agneau), cœur, rognons, ris de veau, boudin noir sont riches en fer, ce qui permet le transport de l'oxygène jusqu'au cerveau, en cuivre, en vitamines B9 (acide folique) et B12 et favorisent une bonne mémorisation et concentration.

Le miel

Source de minéraux, magnésium, potassium, cuivre, de vitamines B et C, il fait le plein d'antioxydants. Procure une sensation de bien-être et renforce la concentration. Bon allié pour combattre la fatigue et le stress.

Les herbes aromatiques

Romarin, persil, thym, sauge, basilic… Ils contiennent des flavonoïdes favorisant la circulation sanguine du cerveau avec des propriétés stimulantes pour l'attention et la mémoire.

Les épices

Les épices ont une activité anti-inflammatoire et antioxydante très intéressante pour le cerveau. Par ailleurs, certaines ont une action positive sur la neurogenèse et augmentent les niveaux de dopamine et sérotonine présents dans le cerveau. Citons notamment le curcuma, la cannelle, le gingembre, le poivre noir, l'ail.

Les psychostimulants naturels

Ils permettent également d'améliorer nos performances intellectuelles, mais prudence. Si leurs effets stimulants par leur action au niveau des synapses sont vérifiés, beaucoup d'entre eux s'accompagnent à trop fortes doses d'effets négatifs. Si vous passez par exemple votre journée à boire du café, votre sommeil sera altéré avec toutes les conséquences en cascade sur le cerveau que l'on connaît. La consommation de psychostimulants alimentaires doit ainsi se faire à doses raisonnables et en respectant la chronobiologie de vos enfants et adolescents. Parmi ceux-ci, citons :

» le chocolat : riche en théobromine et en théophylline aux vertus stimulantes et antistress. Plus le chocolat est fort en cacao (mini 70 %), meilleure sera leur concentration !

» le thé vert : riche en catéchines, puissant antioxydant. Consommé avec modération, il a des effets bénéfiques sur la vigilance, la concentration et la mémoire.

Il existe bien entendu d'autres psychostimulants naturels, dont le café (caféine) ou le guarana, par exemple, qui favorisent la vivacité d'esprit (le guarana est utilisé par les Indiens d'Amazonie pour ses vertus antistress, antifatigue et son pouvoir stimulant sur le système nerveux). Mais de nouveau, il convient d'être particulièrement prudent, le cerveau d'un enfant ou d'un adolescent n'est pas celui d'un adulte. Il n'est en particulier pas mature et toute ingestion de psychostimulants aura ainsi des effets plus ou moins imprévisibles et intenses. En clair, le rapport entre le bénéfice escompté et le risque encouru d'absorber des psychostimulants pour le cerveau d'un adolescent de 15 ans n'est pas du tout le même que pour celui d'un adulte de 40 ans !

Pensez sinon à bien hydrater le cerveau de vos enfants… en eau ! Une insuffisance hydrique provoque un dessèchement et un rétrécissement des cellules cérébrales, ainsi qu'une modification de leur équilibre chimique, ce qui altère le fonctionnement cérébral.

Enfin, limitez chez vos enfants l'absorption de sucres rapides et de graisses saturées, ennemies de la mémoire, qu'elles soient d'origine animale (charcuterie, crème, beurre) ou industrielle (barres chocolatées, biscuits industriels, etc.). Le sucre est une substance extrêmement addictogène chez l'enfant et l'adolescent, ce que l'industrie agroalimentaire a très bien compris en en ajoutant de façon exagérée dans de nombreux produits : sauce tomate, soupes, conserves, jambon, harengs fumés... Cette pratique ne doit rien au hasard tant le sucre peut apparaître comme un produit multifonction « idéal » pour des industriels peu regardants : il permet de rehausser le goût d'un produit, de le colorer, de mieux le conserver, et de faire des économies sur des produits plus coûteux. « L'ingrédient miracle de l'industrie », commente l'Américain Michael Moss, auteur d'un ouvrage remarqué[1] sur le trio infernal qui nous rend accros à la nourriture : le sucre, le sel et les matières grasses. Récompensé du prix Pulitzer pour ses enquêtes sur le monde de l'agroalimentaire, Michael Moss ne manque pas à juste titre de rappeler que « des trois, le sucre est le plus difficile à éliminer ».

BIEN NOURRIR LE CERVEAU DE BÉBÉ

Comme le rappelle très justement la Fédération pour la recherche sur le cerveau (FRC) sur son site internet[2], tout commence, concernant l'alimentation du bébé, bien avant

---

1. Michael Moss, *Sucre, sel et matières grasses : comment les industriels nous rendent accros*, Calmann-Lévy, 2014.
2. www.frcneurodon.org/comprendre-le-cerveau/a-la-decouverte-du-cerveau/lalimentation/

la naissance, l'alimentation de la mère pendant la grossesse étant absolument primordiale pour le développement du fœtus. Depuis 1969, l'Organisation mondiale de la santé (OMS) et la Food and Agriculture Organization (FOA) ont défini une classification des carences alimentaires à haut risque. Parmi celles-ci, citons :

▶ les carences vitaminiques en fer et iode ;
▶ les carences en vitamines B9 (acide folique) et B12.

À noter, comme le souligne la FRC, que les neuroscientifiques ont mis en évidence « l'impact de la carence en vitamine B9 sur la fermeture du tube neural, ébauche du système nerveux central de l'embryon. Ainsi, en France, une supplémentation en vitamine B9 est préconisée sur la période d'un mois avant la conception et jusqu'à la fin du premier trimestre de grossesse ».

Première étude épidémiologique menée en France, l'étude EDEN a suivi des enfants de la fin du premier trimestre de grossesse jusqu'à l'âge de 5 ans et plus. Ses résultats démontrent, sans surprise, que l'alimentation peut avoir des conséquences sur la santé cérébrale du jeune enfant. Parmi les conclusions de l'étude, citons l'importance de l'allaitement maternel qui contribue à un développement psychomoteur plus rapide chez les jeunes enfants. Plus l'allaitement est long, meilleures sont les performances cognitives de l'enfant, et ce d'autant plus si l'allaitement est exclusif. Le lait maternel contient en effet une forte concentration d'acides gras oméga-3 et acides gras polyinsaturés impliqués dans les processus de neurotransmission, survie des cellules et dans la neuro-inflammation.

ÊTRE ATTENTIF À L'ALIMENTATION DE NOS ENFANTS ET ADOS

Toujours selon les recommandations de la FRC, la période de l'adolescence mérite une alimentation adaptée. Les chercheurs de l'unité NutriNeurO de Bordeaux ont démontré des retards d'apprentissage significatifs chez les rats juvéniles ayant reçu une alimentation riche en graisses et en sucre jusqu'à voir apparaître l'obésité. Les effets sur la mémoire sont visibles : le régime riche en graisses et en sucres entraîne une inflammation de l'hippocampe qui perturbe le bon fonctionnement de la mémoire de travail. L'observation du comportement montre que la mémoire émotionnelle est aussi atteinte. Les rats adultes sont touchés par les effets de ce type d'alimentation, mais de façon moins marquée que chez les juvéniles. En conséquence, souligne la FRC, « nous pouvons raisonnablement nous inquiéter de l'augmentation de l'obésité chez les jeunes et notamment chez les adolescents. Les jeunes semblent être les plus vulnérables aux aliments riches en graisses et en sucre. L'alimentation doit donc être régulée et équilibrée, particulièrement durant la croissance et la période de l'adolescence, pour éviter toute obésité nocive à la consolidation de la mémoire ». C'est d'ailleurs souvent à l'adolescence qu'apparaissent les troubles de l'alimentation : anorexie, boulimie, hyperphagie. Comme toujours avec le cerveau, les troubles du comportement sont la résultante d'interactions délétères entre facteurs génétiques et psychologiques individuels, en lien avec d'autres facteurs environnementaux, familiaux et socioculturels. Certaines anomalies au niveau des neurotransmetteurs influenceraient les troubles alimentaires, conclut la FRC.

Pour vous aider le plus concrètement possible, nous vous proposons ci-contre quelques suggestions de menus simples à préparer et peu onéreux qui feront un bien fou au cerveau de vos enfants, n'hésitez pas à piocher. Ce qui ne vous empêche pas d'aller de temps en temps vous faire un bon petit burger-frites que nos enfants adorent tant. Ce que vous perdrez en diététique ce jour-là sera largement compensé en plaisir et joli moment de connivence partagé avec vos enfants, ce qui vaut bien un petit écart… N'oubliez pas que pour le cerveau, le mieux est souvent l'ennemi du bien. Faites ainsi ce que vous pouvez, sans vous mettre de pression, et ce sera formidable !

Une carte neuro-friendly 3 étoiles pour vos enfants

Petit déjeuner

Orange pressée
Chocolat au lait
Tartines de pain aux céréales
Matière grasse enrichie en oméga-3
Bol banane et crème de coco
Yaourt nature au miel
Gruau avoine – lait – banane – éclats de cacao
Muesli

Déjeuner/Dîner

Entrées
Salade aux noix avec assaisonnement huile de colza
Tomates basilic et persil
Carottes râpées au citron et raisins secs
Avocat aux crevettes
Pamplemousse
Salade de pois chiches à la coriandre et au cumin
Salade de betteraves à l'orange et au citron
Sardines à l'huile
Soupe de légumes de saison
Gaspacho courgettes – tomates – basilic
Soupe froide melon – fraises à l'huile d'olive
Soupe froide d'agrumes à la menthe

Smoothie épinards – banane – beurre d'amandes
Cake fêta – poivrons

———

Plats
Saumon en papillote au romarin avec purée de brocolis
Maquereau / thon au romarin avec riz brun
Moules marinières-frites (quand même !)
Poulet – haricots verts et blancs
Omelette avec œufs fermiers enrichis en oméga-3
Spaghettis à la bolognaise avec basilic frais et parmesan
Spaghettis aux fruits de mer
Rôti de bœuf avec flageolets et haricots rouges
Steak haché ratatouille
Hamburgers / Cheeseburgers… maison !
Truite aux amandes avec pommes de terre
Galette de sarrasin œuf tomate salade

———

Desserts
Mousse au chocolat noir (mini 70 %)
Salade de fruits rouges (fraises, cassis, framboises,
myrtilles, groseilles)
Raisin rouge
Compote pomme – poire – banane maison
Pudding graines de chia – chocolat noir
Gâteau aux noix
Boissons
Eau minérale
Jus de fruits
Thé vert à la menthe

Goûter

Smoothie aux fruits rouges
Smoothie banane – mangue
Yaourt à boire
Abricots secs, noix, amandes

PAPOU, J'AI SOIRÉE CE SOIR...

AIDER VOTRE ENFANT À S'OUVRIR AU MONDE EN ÉVITANT LES DANGERS

*Le cerveau d'un enfant
est comme une bougie allumée
dans un lieu exposé au vent :
sa lumière vacille toujours.*

Fénelon

Depuis qu'il est ado, Alex semble s'être fait une spécialité de toujours devoir demander ou annoncer les choses au pire moment ! Alors qu'il n'est pas allé à l'école ce matin prétextant un soudain coup de froid et qu'il a joué à ses jeux vidéo en ligne à la place, voilà qu'il ne trouve rien de mieux que d'annoncer ce midi à son père qu'il a une méga soirée hyper-importante ce soir qu'il ne peut absolument pas rater. Pierre est, comme souvent avec son fils depuis un an, un peu perplexe, voire assommé. Comment son fils, à quelques semaines du bac et alors que ses notes ne sont pas brillantes, peut-il sécher une matinée entière de cours pour cause de fatigue, passer six heures à jouer en ligne et retrouver miraculeusement de l'énergie pour aller faire la fête toute la soirée et une partie de la nuit ? Ne sachant s'il doit être énervé, consterné ou incrédule, son cerveau émotionnel décide pour lui : Pierre est les trois à la fois. Sentant le caractère plutôt mal venu de sa demande, Alex ne se démonte pas et argumente plein pot : « Papou, c'est la dernière soirée avant le bac, il y aura tout le monde, je ne resterai pas tard, je ne boirai pas trop… » Bref, l'interminable série des excuses bidon entendues mille fois laissant Pierre de marbre jusqu'à l'argument suprême : « Papou, s'te plaît, en plus Inès sera là ! » Inès est la petite copine d'Alex depuis quelques semaines et les deux tourtereaux semblent désespérément attendre l'occasion pour aller plus loin dans leur relation, ce qui serait une première pour l'un comme pour l'autre. Pierre, qui, ado, n'a *jamais reçu beaucoup de marques d'intérêt et de curiosité de son père sur le volet « petites copines », sait combien le sujet est important et ne doit pas être pris par-dessus la jambe. C'est un moment particulier dans la jeune vie d'Alex. Pierre se sent ainsi partagé entre la situation scolaire de son fils assez inquiétante qui devrait l'inciter à rester réviser à la maison… et de l'autre côté la perspective pour son fils de vivre une soirée qui, si elle se passe comme prévu, le marquera pour sa vie entière. Le genre de dilemme dont Pierre a horreur ! Soit il endosse le rôle du père responsable, inflexible et uniquement focalisé sur les résultats scolaires de son fils, soit celui du père compréhensif mais limite démissionnaire. Quelle que soit la décision prise, elle ne sera pas satisfaisante pour un père qui aimerait pouvoir être cool et exigeant et qui se retrouve dans les cordes à devoir choisir le rôle le moins pire des deux. Pierre, rapidement, fait néanmoins son choix, il est trop proche de son fils pour lui faire ce coup-là, mais ne veut pas lui donner l'impression d'avoir gagné la partie sans combattre et, surtout, sans avoir donné des garanties sérieuses que, passée cette dernière soirée, Alex se mettra enfin sérieusement au boulot. Du perdant-perdant initial, l'objectif de Pierre est ainsi d'arriver à un gagnant-gagnant.*

Pierre a eu de sérieux moments de tension avec son fils depuis un an à cause de ses résultats scolaires en chute libre et de son absence de réaction. Eux, si fusionnels par le passé, ont connu des relations conflictuelles qu'ils n'avaient jamais connues par le passé et qui les ont, l'un et l'autre, déstabilisés. Pierre a tâtonné et tergiversé sur la meilleure conduite à tenir face à son fils, alternant entre une attitude bienveillante façon coaching en mode psy positive et des gueulantes primaires dans le but de susciter chez son fils une prise de conscience de la gravité de la situation et un déclic. Il sait au fond de lui-même qu'il a très mal géré la situation. La première conséquence de ce « up and down » éducationnel fut une absence de cohérence globale et une imprévisibilité permanente pour un Alex

*ne sachant jamais à quelle sauce il serait mangé par son père.
La réalité est que Pierre est aussi perdu que son fils face à
cette situation inédite, avec des sentiments mêlés de peur et
de culpabilité. Il voudrait tant pouvoir l'aider, mais il ne
trouve pas la bonne clé et s'impatiente devant l'absence de
résultats. Pierre garde en mémoire une scène en particulier.
Devant ramener son fils chez sa mère, il décide de profiter
du trajet pour lui mettre les points sur les « i ». Tout y passe,
ses mauvais résultats, son attitude, ses bulletins exécrables, et
Pierre de se montrer extrêmement véhément envers son fils à
qui il promet dans la vie un échec magistral. Alex encaisse
et ne dit rien, il sait que quand son père est lancé ainsi,
il est difficile de l'arrêter et que cela ne sert à rien. Pierre
dépose son fils devant l'appartement de sa mère sans un mot
ni un au revoir. Il est submergé par la colère. Alex sort de la
voiture, il semble absent, K.-O. par la violence du réquisi-
toire. Tout ce que Pierre aura réussi à faire durant ce trajet
est d'enfermer plus encore son fils dans sa posture d'échec.
Comment imaginer que celui-ci, après avoir entendu ce
qu'il a entendu, va se mettre joyeusement au travail en étant
motivé comme jamais ? Les menaces ou les propos cinglants
à l'encontre de son fils ne vont que renforcer la spirale négative actuelle ambiante. Non seulement ça ne servira à rien,
mais, pire, cela aggrave une situation déjà difficile. Pierre
sait tout cela, ressent tout cela, a conscience de tout cela…
et pourtant il a fait exactement l'inverse ! Ses propres peurs
et croyances ont tout emporté sur leur passage jusqu'à aller
menacer la belle relation qu'il a avec son fils depuis toujours.
Pire, elles fragilisent l'équilibre psychologique de ce dernier.
Pierre doit se rendre à l'évidence : il a tout faux actuellement
avec Alex… Il est d'une certaine façon, et sans le vouloir
bien entendu, devenu un père maltraitant. Pierre a besoin
d'aide pour aborder cette période, il le sait, il ne comprend
plus l'ado qu'Alex est devenu, tout cela est allé bien trop vite
pour l'un comme pour l'autre. Il doit mieux comprendre ce*

qui se passe dans le cerveau d'Alex, mieux ressentir de façon plus générale ce qui se passe dans la tête d'un ado avec tous ces bouleversements neurobiologiques. Il lui manque le mode d'emploi, il lui manque les clés de compréhension qui lui permettaient de mieux appréhender la situation. Ado, il l'a pourtant lui-même été il y a trente ans, mais s'en souvient-il ?

Sa prochaine nuit s'annonce longue et compliquée.

Retisser le lien avec son ado

Une brutale accélération du temps

La qualité des relations entre les membres de la famille est évidemment essentielle pour maintenir un climat serein, détendu et positif à la maison. Or, la période de l'adolescence ouvre la voie à bien des tensions potentielles entre parents et ados : baisse des résultats scolaires, sorties nocturnes trop tardives et/ou trop fréquentes, tensions entre frères et sœurs, addiction aux écrans, consommation d'alcool et/ou de stupéfiants, sexualité naissante, etc. Les parents se trouvent souvent désarmés et désemparés par rapport à l'irruption soudaine de ces situations nouvelles qu'ils n'avaient pas forcément pris le temps d'anticiper et de comprendre. Dépassés par les événements, ils ont alors du mal à établir une relation constructive d'écoute et de dialogue avec leurs enfants qui ont, regrettent-ils, bien changé depuis les années bénies où ceux-ci leur demandaient sans cesse des câlins matin, midi et soir. L'adolescence marque décidément une violente accélération du temps pour tout le monde : les parents n'ont pas vu les années passer, en prennent soudainement conscience et le regrettent amèrement, voire culpabilisent. Les ados, quant à eux, se transforment de l'intérieur, se découvrent, s'envisagent et se dévisagent… Deux réalités, deux mondes, la confrontation est inéluctable. Les engueulades et reproches alternent avec les phases de silence, chacun se renfermant alors dans sa coquille en ne comprenant plus l'autre et en le trouvant trop c… Pas idéal pour dialoguer ! Les parents exigent de leurs enfants des résultats à l'école, mais cette injonction, si elle est trop forte à supporter pour l'ado, ne fait que provoquer en retour stress et angoisse… Le circuit cérébral de la menace tourne à plein tube, du côté enfants comme du côté parents, c'est un tsunami de cortisol qui inonde toute la famille, la cata est en approche !

La nécessité d'une compréhension réciproque

La qualité des relations familiales est pourtant primordiale pour aider les ados à se forger leur propre personnalité et à structurer leur identité à cette période si particulière de leur vie. Et les inévitables oppositions et conflits font, qu'on le veuille ou non, partie intégrante du jeu ! L'important est donc pour l'adulte de savoir gérer ces tensions, d'apprendre à faire avec, de modifier le cas échéant son point de vue, de faire preuve de flexibilité mentale, pour trouver les nécessaires et justes compromis… de sorte, *in fine*, de pouvoir construire l'avenir ensemble avec son enfant.

La relation parents-enfants est par définition asymétrique et c'est là sa très grande limite et son risque potentiel. Les parents ont en charge la responsabilité de l'éducation de leurs ados et ont un ascendant financier sur eux. Ces derniers, de leur côté, ont une farouche envie d'émancipation et d'indépendance, tout en gardant dans le même temps le besoin primaire d'être rassurés. Cette asymétrie peut mener à bien des erreurs, notamment en instituant un rapport de force du style : « C'est comme ça et c'est pas autrement, et si tu n'es pas content, la porte est là ! » Un scénario catastrophe qui, s'il venait à se réaliser, rendrait évidemment malheureux tout le monde...

7 CONSEILS PRATIQUES POUR SORTIR DE LA LOGIQUE DE L'AFFRONTEMENT

▶ Éviter toute attitude ou parole qui aurait pour effet d'isoler plus encore l'enfant. Le cerveau de l'ado se construit avant tout dans l'altérité et le rapport à l'autre, tout particulièrement à partir des figures d'attachement que sont les parents. Il ne doit pas y avoir le moindre doute dans l'esprit de l'ado sur l'amour inconditionnel porté par ses parents, et ce quelles que soient les éventuelles difficultés ou tensions du moment.

❱ Éviter de culpabiliser ou harceler l'adolescent en le rabaissant par des propos blessants (« Tu n'arriveras jamais à rien », « Tu n'es pas foutu de réussir quoi que ce soit », « Tu trouves ça bien de te comporter comme cela ? »). Ces propos sont souvent l'écho de la propre angoisse des parents non gérée, ni maîtrisée. Ne pas hésiter, dans le cas de paroles malheureuses prononcées sous le coup de la colère ou de l'exaspération, à revenir dessus ensuite, au calme, en s'excusant et s'expliquant auprès de son ado. Personne n'est infaillible et certainement pas un parent lorsqu'il est inquiet.

❱ Se décentrer physiquement pour aborder les questions de fond avec son enfant. La parole se libère davantage dans un environnement extérieur dénué de tout affect personnel, le climat y sera plus serein. Le bord de mer, la forêt ou un parc sont, par exemple, des lieux privilégiés d'écoute et de dialogue qui modifieront positivement la charge mentale des uns et des autres.

❱ Trouver le bon moment pour dialoguer. Une discussion de qualité ne s'improvise pas entre la poire et le fromage. Il faut penser et construire ce moment intime de dialogue.

❱ Impliquer l'adolescent à la résolution du problème en le rendant acteur de la solution. Lui demander comment il voit les choses, quel est son ressenti et surtout quelles propositions concrètes il souhaiterait faire pour l'aider à repartir du bon pied.

▶ Être en tant que parent mentalement et physiquement disponible à son enfant pour l'aider à traverser les périodes difficiles (une présence et une écoute active et non passive).

▶ Demander de l'aide extérieure (professionnels de santé et/ou de la médiation) en cas de non-évolution positive de la situation ou si l'enfant est lui-même demandeur (la banalisation, la mise sous le tapis des problèmes ou la méthode Coué n'améliorent que très rarement les situations conflictuelles).

DES ADOS EN QUÊTE DE RECONNAISSANCE

Si les équilibres hormonaux et neurobiologiques du cerveau des ados sont soumis à rude épreuve, il serait pour autant un peu rapide de considérer que ces bouleversements physiologiques et psychologiques (que certains parents considèrent parfois trop hâtivement comme pathologiques) expliquent à eux seuls les dérives comportementales de ceux-ci. Si les adolescents prennent des risques, c'est aussi et surtout tout bonnement pour s'assurer un statut propre au sein du groupe et pour s'y faire une place. Il y a donc moins de « fatalité biologique » dans ces attitudes qu'il n'y paraît au premier abord. Comme le souligne très justement Coralie Chevalier, chercheuse en sciences comportementales à l'École normale supérieure, « les comportements risqués ne sont pas le reflet d'une immaturité, mais un instrument imparfait pour asseoir son prestige et impressionner ses pairs : prendre des risques, c'est montrer son courage, sa détermination, sa force ou son endurance. Plus un comportement est dangereux, plus il confère un statut social élevé[1] ». Et de conclure : « Dès qu'il n'est plus soumis au regard de ses pairs, un adolescent réduit sa prise de risque. » La prise de risque ici se comprend davantage comme une stratégie de l'adolescent permettant de s'intégrer au mieux à son groupe d'amis en y occupant une place de choix. Une autre façon d'obtenir des « likes » en somme ! Ce faisant, l'ado sera « populaire » et bénéficiera des avantages dus aux positions hautes au sein d'un groupe. Il sera régulièrement invité aux soirées, sera impliqué dans toutes les activités du groupe, sera celui ou celle à qui les autres ados demanderont conseil, sera celui cité en exemple, etc. Ce statut élevé activera tout particulièrement son circuit dopaminergique et sérotoninergique, favorisera la sécrétion d'ocytocine, d'endorphines, d'adrénaline. En un mot, il se sentira vivant !

On comprend mieux dès lors toute l'importance fondamentale pour l'adolescent de pouvoir compter sur un réseau d'amis équilibrés, fiables et sincères, ce qui permettra de limiter les possibles excès de la pression de conformité à laquelle il sera soumis pour appartenir au groupe et ainsi réduire les surenchères comportementales synonymes de prise de risque trop élevée. Si nous voulions résumer cela en une phrase, on pourrait dire que l'on peut en somme rigoler de tout à l'adolescence, mais pas avec n'importe qui…

ÉCRANS, ALCOOL, DROGUES, TOUS « DOPA ADDICTS » ?

Le cerveau en construction des enfants et adolescents est particulièrement vulnérable et sensible aux risques addictifs de toutes sortes pour une raison neuroscientifique

---

1. Coralie Chevalier, « Adolescents : un dangereux besoin de reconnaissance », *Cerveau & Psycho*, n° 93, novembre 2017.

simple : leur lobe frontal en charge de réguler le cerveau émotionnel (en particulier le circuit dopaminergique de la récompense) est en voie de maturation pendant les vingt premières années. Cela signifie concrètement que lorsque vous stimulez, avec des récompenses excitantes (dont les fameux « likes »), les neurones dopaminergiques du cerveau émotionnel de l'enfant, il est très difficile pour leur cerveau de la raison de « calmer le jeu » et d'éteindre l'incendie émotionnel ainsi propagé. Le cerveau de l'enfant et de l'ado n'en a anatomiquement et physiologiquement pas les moyens. C'est pour cette raison qu'il est très facile de capter l'attention des enfants, et en particulier des tout-petits, avec des écrans qui joueront le rôle de « pompe à dopamine » en continu et feront de vos enfants de véritables… junkies numériques !

Une dizaine d'études neuroscientifiques à travers le monde ont clairement démontré les effets délétères pour le cerveau d'une surexposition massive aux écrans chez les enfants : atrophies cérébrales, affaiblissement du lobe frontal, suractivation du circuit dopaminergique de la récompense, réduction du volume de la matière grise, etc. Conséquences directes : les enfants deviennent plus impulsifs, agressifs, leur circuit de la décision est altéré, ils répondent moins aux sollicitations extérieures et développent des troubles similaires aux troubles autistiques (enfants dans leur bulle présentant des troubles du langage et relationnels, notamment en n'étant plus capables de croiser le regard d'autrui).

Ces syndromes addictifs chez l'enfant, stigmates du monde hyperconnecté du XXIe siècle, sont étrangement passés sous silence en France dans une forme de déni collectif sociétal. On sait mais on ne dit mot. Il n'en est pas tout à fait de même dans d'autres pays développés où ces problématiques d'addiction sont considérées comme des problèmes de santé publique et soulèvent nombre de débats et controverses. Comme en témoigne le vif succès rencontré par la publication aux États-Unis du livre du psychologue expert en addiction Nicholas Kardaras[1] sur les ravages pour les enfants de la surexposition aux écrans, le spécialiste n'hésitant pas à parler d'« héroïne numérique ». Emboîtant le pas au célèbre et médiatique psychologue, ce sont d'anciens hauts dirigeants des sociétés phares de l'économie numérique, et non des moindres, qui ont alerté l'opinion. Parmi eux, Sean Parker, ex-associé fondateur en 2005 de Facebook aux côtés de Mark Zuckerberg, ou encore Chamath Palihapitiya, ancien vice-président de Facebook, qui n'hésite pas à déclarer publiquement que ces outils « sont en train de détruire la société [...]. Si tu nourris la bête, la bête te détruira [...] Je n'utilise pas cette merde et j'interdis à mes gosses d'utiliser cette merde[2] ». Voilà qui a le mérite de la franchise ! Débat qui a poussé en 2018 certains gros actionnaires d'Apple, inquiets des répercussions de cette nouvelle technologie numérique sur le développement des enfants, à interpeller publiquement la direction de la marque à la pomme.

D'autres formes d'addictions menacent nos enfants et adolescents, au premier rang desquelles les psychotropes. De quoi s'agit-il précisément ? Sur un plan étymologique, psychotrope signifie littéralement « qui agit, donne une direction (trope) à l'esprit ou au comportement (psycho) ». Un psychotrope (appelé aussi « substance psycho-active ») désigne ainsi une substance active naturelle ou chimique ayant un effet sur l'activité cérébrale du système nerveux central. D'un point de vue médical, il

---

1. Nicholas Kardaras, *Glow Kids : How Screen Addiction Is Hijacking Our Kids and How to Break the Trance*, St Martin's Press, 2016.
2. Émission « Envoyé Spécial » du 18 janvier 2018 « Accros aux écrans ».

existe plusieurs classifications des psychotropes, parmi lesquelles nous choisirons, pour sa simplicité, celle de 1991 des Français Pélicier et Thuillier[1] qui distinguent trois grandes familles :

- les dépresseurs, qui ralentissent le fonctionnement du système nerveux central : alcool, opiacés (morphine, héroïne), hypnotiques, tranquillisants, anxiolytiques, neuroleptiqucs, analgésiques, etc. ;
- les stimulants, qui stimulent le fonctionnement du système nerveux central et se classifient en deux catégories : les stimulants mineurs (café, tabac, ginkgo biloba, etc.) et majeurs (cocaïne, ecstasy, amphétamines, anorexigènes, GHB, Ritaline [MPH], Modafinil, etc.) ;
- les hallucinogènes ou perturbateurs, qui modifient le fonctionnement du système nerveux central : LSD, solvants (éther, colles), cannabis (chanvre), anesthésiques volatils, mescaline, psilocybine, kétamine, etc.

En modifiant certains processus biochimiques et physiologiques cérébraux, les psychotropes induisent des modifications de la perception, des sensations, de l'humeur, des états de conscience, ainsi que d'autres modifications des fonctions psychologiques et comportementales. Cocaïne, ecstasy, tabac, alcool, cannabis, médicaments psychoactifs, etc., tous ces produits ont en commun la propriété d'augmenter de façon transitoire (de l'ordre de quelques heures) la quantité, à l'intérieur du cerveau dans le noyau accumbens, d'un neuromédiateur très important impliqué dans le circuit de la récompense… la dopamine. Eh oui, la fameuse dopamine impliquéc dans l'addiction aux écrans ! Très fortement associée à la recherche du plaisir, la dopamine est

---

1. Classification des drogues selon leurs effets établie par Yves Pélicier et Jean Thuillier en 1991.

ainsi susceptible de déclencher à plus ou moins court terme des mécanismes de dépendance très difficiles à traiter. L'expression de Nicholas Kardaras d'« héroïne numérique » est donc, sur un plan neurobiologique, exacte... hélas !

Les drogues agissant le plus fortement sur l'humeur de nos ados sont les psychostimulants et les opiacés : les psychostimulants augmentent la vigilance et diminuent la sensation de fatigue et de sommeil, tandis que les opiacés ont à l'inverse un effet d'endormissement. Les neuroscientifiques ont récemment identifié plusieurs marqueurs génétiques liés à l'addiction dans le cadre des recherches sur le génome humain, ce qui ouvre certains espoirs pour le traitement de sujets identifiés à risque. (Pour rappel, les recherches sur le séquençage du génome humain comprenant l'ensemble de l'information génétique portée par l'ADN sur nos 23 paires de chromosomes ont abouti en 2003.) L'usage de psychotropes dans le cadre étudiant est multiforme et trouve de nombreuses justifications, que ce soit la recherche de l'interdit, la pression de conformité (faire partie de la bande), l'usage festif, la levée d'inhibitions, la quête de la performance, le stress excessif, l'ennui, etc. La consommation de ces substances est aujourd'hui grandement facilitée, notamment dans le cas des drogues douces et dures très facilement abordables et dont les prix se sont (stratégiquement) effondrés. À titre d'exemple, « se faire un rail de coke » revient aujourd'hui à 10-15 euros, soit quasiment le prix d'un paquet de cigarettes ou d'une bouteille de vin. Quant au cannabis, fumer un joint revient à même pas 2 euros !

Les effets du cannabis sur le sommeil et les capacités intellectuelles

Le cannabis a des effets complexes sur le sommeil. Par ses effets anxiolytiques lorsqu'il est pris occasionnellement, il permet de s'endormir plus aisément, mais ses effets s'estompent lors d'une prise plus régulière. Il modifie par ailleurs les rythmes du sommeil en agissant sur la sécrétion de la mélatonine, ce qui aboutit à un sommeil irrégulier, voire décalé. Il diminue la période de sommeil paradoxal et augmente le temps de sommeil profond. Il entraîne une altération des fonctions intellectuelles cognitives le lendemain, proportionnellement à la quantité fumée (mémoire, apprentissage, etc.).

Les effets de l'alcool sur le sommeil et les capacités intellectuelles

À faible dose, l'alcool favorise la somnolence et l'endormissement, ce qui augmente le risque d'accidentologie. L'alcool consommé à plus fortes doses aide à s'endormir très rapidement, mais la deuxième partie de la nuit est fractionnée par de nombreux réveils et donc aboutit à un sommeil de très mauvaise qualité. Le sommeil paradoxal, contrairement au cannabis, est, lui, augmenté. Le lendemain, les performances intellectuelles cognitives diminuent logiquement en fonction de la quantité d'alcool ingérée.

Les effets du tabac sur le sommeil

La consommation régulière de tabac entraîne des difficultés d'endormissement et une somnolence matinale. Lors d'un sevrage, en dehors des troubles du caractère et de l'anxiété, il y a fragmentation du sommeil et une somnolence dans la journée.

CES PREMIÈRES AMOURS SI INTENSES

L'état amoureux provoque l'apparition d'environ 250 substances dans le corps. Pour ce qui concerne le cerveau, c'est un véritable feu d'artifice neurobiologique en chaîne auquel on assiste quand on est « touché en plein cœur » : dopamine qui pousse à l'action (et nous rend dépendant !), noradrénaline et endorphines qui provoquent en nous désir et excitation, ocytocine qui nous fait ressentir cette si délicieuse sensation d'attachement, sérotonine qui nous fait voir la vie du bon côté, etc., etc. Et inutile de vous dire (car vous le savez bien !) que tout cela se passe de façon très largement automatique, « à l'insu de votre plein gré » pour reprendre la célèbre formule et donc en-deçà de votre conscience, avec une zone cérébrale particulièrement impliquée qui est située dans les profondeurs du cerveau : les noyaux gris centraux ! Tomber amoureux, état qui se manifeste par de fortes émotions parfaitement incontrôlables (accélération du cœur, sensation de chaleur…), relève ainsi, comme le note le sémillant professeur en neurologie et chercheur en neurosciences Yves Agid, « plutôt de la subconscience, c'est-à-dire de la faculté cérébrale qui nous permet d'agir, de penser et de ressentir des émotions de façon non consciente[1] ».

Des montagnes russes émotionnelles

Ce tsunami émotionnel est d'autant plus puissant chez les enfants et surtout les ados que la maturation de leur cerveau est en pleine construction et n'est ainsi pas du tout achevée. Leur cortex préfrontal en particulier, en charge de réguler le feu émotionnel, ne sera pleinement

---

1. Yves Agid, « Que se passe-t-il dans le cerveau quand on tombe amoureux », *La Croix*, 14 février 2017.

mature qu'à l'âge de 25 ans environ, ce qui explique l'extrême intensité difficilement contrôlable de leurs premières passions amoureuses. Il ne s'agit pas, du côté des parents, de commettre l'erreur de prendre ces premières amours à la légère ! Le cerveau des enfants et ados est profondément chamboulé de l'intérieur lors des premiers émois. Et que dire lorsque surgit leur premier chagrin d'amour… À l'attendrissement initial des parents qui regardent cela d'un air vaguement nostalgique et un brin détaché succède vite la panique générale lorsqu'ils voient leur ado se murer derrière sa tristesse et sa détresse. Et là encore, l'adolescent ne fait pas semblant… Chargé à mort de dopamine, d'endorphines (famille des opioïdes), d'adrénaline et d'ocytocine pendant tout le temps de la relation amoureuse, l'ado se retrouve subitement, du fait de la rupture, en état de manque, tel un héroïnomane qui n'aurait plus son shoot ! C'est un véritable cataclysme neurobiologique bien trop souvent sous-estimé, voire gentiment moqué par les parents, qui aboutit *in fine* à la double peine pour l'ado : celle d'avoir été largué(e) par celui ou celle qu'il aimait passionnément et celle de se voir totalement incompris(e), voire rejeté(e), par ses figures d'attachement principales que sont ses parents. La cata ! Raison pour laquelle il ne faut jamais minimiser, chers parents, un chagrin d'amour de votre enfant mais plutôt vous montrer dans ces circonstances difficiles particulièrement à son écoute, et lui assurer votre soutien.

Un scanning inconscient

Pour bien comprendre les mécanismes neurobiologiques sous-jacents à l'état amoureux, il faut revenir dans la grotte quelques millions d'années en arrière. L'évolution, pour assurer le renouvellement de l'espèce, a eu une géniale idée : celle de créer dans notre cerveau un système du plaisir qui récompense les hommes et les femmes lorsqu'ils s'accouplent. Notre inconscient a ainsi été doté d'un véritable arsenal d'armes de détection massive (formes du visage, odeur corporelle, tonalité de la voix, etc.) permettant à chacun de sélectionner le partenaire qui lui assurera la meilleure descendance. Les années ont passé, les rapports amoureux ont évolué, mais le système initial est resté peu ou prou le même. Autrement dit, se mettent en place en un temps record lors d'une rencontre différents mécanismes inconscients qui feront que nous tomberons ou non amoureux. Si toutes les données ainsi collectées implicitement sont concluantes, place à la chimie avec un déchaînement neurobiologique interne ravageur constitué d'hormones et de neuromédiateurs.

Si votre ado amoureux semble subitement se ficher d'à peu près tout et planer à 15 000, les neurosciences, là encore, fournissent une clé de compréhension intéressante. L'état amoureux désactive en effet les systèmes d'alerte du système émotionnel situés au niveau de l'amygdale cérébrale, ce qui entraîne naturellement une plus grande insouciance. Donc pas de panique, rien d'anormal, son alerte a été débranchée ! (Notons que c'est également la même chose chez l'adulte, ce qui explique bien des comportements parfois un peu… étonnants.)

Zoom sur les 3 types d'amour d'Helen Fisher

Helen Fisher, anthropologue à l'université de Rutgers, aux États-Unis, classifie trois types d'amour – le désir, l'attirance et l'attachement :

▶ le désir est très lié aux hormones sexuelles (testostérone, œstrogènes et androgènes) et au circuit de la récompense (dopamine). L'objectif est de trouver un partenaire pour satisfaire ce besoin. Ces niveaux neurobiologiques sont naturellement très élevés chez les adolescents et les jeunes adultes ;

‣ l'attirance nous conduit vers une seule et unique personne, avec l'envie de créer des liens affectifs de proximité davantage liée à la sérotonine ;

‣ l'attachement, enfin, est le fruit d'une compatibilité neurochimique entre deux personnes, impliquant tout particulièrement l'ocytocine et la vasopressine... Cette dernière pouvant d'une certaine façon être considérée comme l'hormone de la monogamie.

L'ACCÈS LIBRE AU PORNO POUR NOS ADOS

Voilà un sujet qui fait couler beaucoup d'encre et qui marque une vraie rupture avec ce qu'ont connu les générations précédentes : l'accès libre au porno pour nos ados. La pornographie a beau exister depuis des siècles, son accès, plus facile que jamais, a bouleversé la consommation qu'en font les adolescents français, au point de faire dire à la sexologue Bénédicte de Soultrait que « la pornographie est désormais le premier éducateur à la sexualité en France[1] ».

Selon une étude particulièrement éclairante sur le sujet publiée dans le journal *Le Parisien*[2] et remise aux parlementaires en juin 2018 :

‣ les adolescents sont de plus en plus nombreux et de plus en plus jeunes à consommer du porno sur Internet. Entre 14 et 24 ans, un jeune sur cinq avoue en regarder

---

1. Bénédicte de Soultrait, « Et si on parlait de la pornographie ? », Cabinet Relatio, 18 janvier 2018 – http://cabinet-relatio.com/on-parlait-de-pornographie
2. Enquête Ipsos réalisée en avril 2018 auprès de 1 000 jeunes âgés de 14 à 24 ans pour le Fonds Actions Addictions, la Fondation Gabriel-Péri et la Fondation pour l'innovation politique.

toutes les semaines, une consommation toujours plus addictive, et 92 % d'entre eux considèrent qu'il est facile d'accéder à des contenus pornographiques. La première visite sur un site porno se fait en moyenne à 14 ans et 5 mois, soit trois mois de moins qu'en 2013 selon une étude Ifop pour l'Observatoire de la parentalité et de l'éducation numérique ;

‣ l'âge du premier rapport sexuel n'a, en dépit de cette surconsommation de porno sur Internet, quasiment pas bougé depuis les années 1980. Il est toujours de 17 ans en moyenne pour les garçons et de 17 ans et demi pour les filles.

Quels effets du porno sur nos ados ?

Contrairement à ce que l'on aurait pu penser, cette surconsommation de porno n'a donc pas véritablement eu d'effet sur l'âge des premiers rapports sexuels parmi nos ados. En revanche, ce sont les pratiques qui semblent avoir évolué et la représentation qu'ils se font de la sexualité. Près d'un jeune sur deux a déjà tenté de reproduire des positions ou des scènes vues dans un film porno, selon un sondage Ifop réalisé en 2014. Un chiffre en progression par rapport à 2009, où ils n'étaient que 40 %. « En quelques années, les pratiques sexuelles des adolescents et même des adultes ont fortement été modifiées, à cause de cette pornographie », confirme la sexologue Bénédicte de Soultrait qui s'inquiète du fait que les ados « n'ont pas encore la maturité suffisante par rapport à ce qu'ils voient, mais aussi par rapport à ce qu'ils ressentent […]. Le problème, c'est que la sexualité, pour se construire, a besoin de beaucoup d'imaginaire. La pornographie, c'est un peu un "viol de l'imaginaire". Cela les met tout de suite face à des images, sans qu'ils aient eu le temps de s'imaginer par eux-mêmes ce qu'était la sexualité. Et l'image s'imprime très vite dans le cerveau. On dit qu'elle équivaut à 5 000 mots. Elle est donc très forte émotionnellement et marque beaucoup. Qu'on le veuille ou non[1]. « Quand on fait des animations avec les adolescents, souligne Caroline Van Assche, qui intervient régulièrement au Planning familial et en milieu scolaire, ils évoquent chaque fois ce qu'ils croient être "la bonne pratique" : fellation, puis pénétration vaginale et anale. Ils ne sont ni dans la relation, ni dans l'élaboration, ni dans une réflexion sur ce dont ils ont envie. On est plus sur quelque chose qui sera très stéréotypé, très formaté[2]. »

Source d'excitation, la pornographie est dans le même temps source d'angoisse pour des jeunes qui n'ont d'autres références que les performances des hardeurs à l'écran. Selon une enquête de l'Ifop en 2014, plus d'un tiers des garçons de moins de 25 ans admettent ainsi avoir déjà été complexés par la taille de leur pénis en regardant un film porno. Certains souhaitent aussi obtenir, très jeunes, du Viagra. « On est plus sur la performance que sur la compétence », souligne la sexologue Caroline Van Assche. L'angoisse de ne pas être à la hauteur n'est pas réservée aux seuls garçons, mais aussi aux filles. Certaines avouent avoir peur de la pénétration après avoir vu des films où les hommes se montrent brutaux, d'autres se demandent si leur poitrine est assez grosse, etc. C'est ainsi que l'on constate une recrudescence des épilations intégrales ou semi-intégrales chez les ados filles, des pratiques qui selon les esthéticiennes arrivent tout droit du porno.

---

1. Bénédicte de Soultrait, citée in « Comment la pornographie influence la sexualité des jeunes », Europe 1, 8 juin 2018.
2. Caroline Van Assche, *ibid.*

Que faire ?

Le déferlement de la pornographie sur Internet n'a fait que souligner davantage encore la quasi-absence d'éducation sexuelle en France à destination des adolescents. Rappelons que depuis 2003, la loi prévoit que chaque élève, de la sixième à la terminale, assiste à trois séances d'éducation sexuelle par an. Nous sommes aujourd'hui dans les faits loin du compte. Quant à l'interdiction de la pornographie aux moins de 18 ans, cette mesure ne semble pas très réaliste tant elle est facile à contourner compte tenu de la libre accessibilité du porno sur Internet. Reste le rôle essentiel des parents qui doivent pouvoir aborder avec leurs ados de façon directe et non complexée toutes ces questions liées à la sexualité. Plus facile à dire qu'à faire certes, mais indispensable !

LES ÉCRANS RENDRONT-ILS NOS ENFANTS IDIOTS ?

Le mouvement de digitalisation en accélération croissante depuis quelques années a profondément modifié la donne en créant de surcroît une multiplication des modalités d'interaction : ordinateur, tablette, smartphone, réalité augmentée, réalité virtuelle, intelligence artificielle, etc. Et nous n'en sommes qu'au tout début, tant la technologic avance à un rythme effréné. Un certain nombre d'études sont parues au cours des dernières années sur l'impact des écrans sur le cerveau, en particulier sur les effets des jeux vidéo sur le cerveau en construction des enfants et adolescents. Il est, reconnaissons-le, difficile aujourd'hui d'avoir une vue précise des conséquences de la digitalisation sur le fonctionnement cérébral pour une raison simple : nous n'avons pas suffisamment de recul pour juger des éventuels effets toxiques de telle ou telle technologie. Le meilleur exemple reste l'évaluation de la dangerosité des téléphones portables avec des études se contredisant allègrement entre elles… À défaut de pouvoir répondre à ce jour à toutes les questions, essayons d'extraire le vrai du faux sur ce sujet fondamental du rapport de nos enfants aux écrans, en croisant ces données avec ce que nous savons des neurosciences et des sciences sociales.

Un raz-de-marée digital

Nul besoin d'avoir écrit une longue thèse sur le sujet, il suffit hélas d'être parents pour le savoir ! Nous assistons actuellement à une contamination en masse en matière de consommation des écrans par nos enfants et ados. Les résultats de la très solide étude réalisée par l'Association américaine de psychologie[1] sur plus d'un million d'adolescents américains de 14 à 18 ans entre 1976 et 2016 font froid dans le dos ! En 2016, les jeunes Américains de 18 ans passent en moyenne six heures par jour sur leurs écrans réparties comme suit : deux heures de SMS, deux heures d'Internet (jeux vidéo) et deux heures de réseaux sociaux. C'est deux fois plus qu'en 2006 ! Les réseaux sociaux n'étaient utilisés que par un jeune sur deux en 2006 contre quatre sur cinq en 2016. La lecture de livres papier a, elle, été divisée par 4 en quarante ans (60 % des enfants américains lisaient des livres à la fin des années 1970 contre 16 % en 2016). La lecture de journaux papier ne concerne, quant à elle, plus que 2 % des ados ! C'est à un raz-de-marée sans précédent et bien à un changement brutal de « civilisation médias » auxquels

---

1. Étude de Jean M. Twenge, Gabrielle N. Martin et Brian H. Spitzberg, « Trends in U.S. Adolescents' Media Use, 1976-2016 », *Psychology of Popular Media Culture*, American Psychological Association, 16 août 2018.

nous faisons face, impuissants, en tant que parents ! Les ados ayant débranché les médias du siècle passé (livres, magazines, télévision) pour se focaliser quasi exclusivement sur le *on-line* et les médias numériques, avec toutes les conséquences potentielles sur leur niveau de capacité attentionnelle.

Du bon usage et dosage des jeux vidéo

Cependant, contrairement aux idées reçues, il faut souligner le fait que les jeux vidéo n'abrutissent pas forcément nos chers enfants en masse, tout étant avant tout une question d'usage raisonnable. Selon Daphné Bavelier, professeure de sciences cognitives à l'université de Genève et auditionnée dans le rapport France Stratégie de 2017, « la pratique régulière de jeu améliore globalement l'attention visuelle sélective, les joueurs de jeu d'action ayant une meilleure évaluation d'un plus grand nombre d'objets, que ce soit en vision périphérique ou en vision centrale. Ils ont également plus de facilité à suivre simultanément plusieurs objets dans le temps et l'espace et développent leurs réflexes et leurs capacités de détection[1] ». Il est ainsi autrement plus stimulant pour le cerveau d'être en mode interactif face à un jeu vidéo que passif devant une émission de téléréalité. Le risque réside davantage dans l'hyperspécialisation et le fait, par exemple, de toujours jouer au même jeu. Comme dans toute autre activité cérébrale exclusive, la répétition à outrance entrave la création de nouvelles connexions synaptiques, ce qui est néfaste pour le cerveau qui, pour se développer, doit constamment se nourrir de la nouveauté et des apprentissages. Chez les adolescents, note l'Académie des sciences, « un usage trop exclusif d'Internet peut créer une pensée zapping

---

1. Daphné Bavelier, « Quels sont les impacts des écrans sur les cerveaux ? », France Stratégie, rencontre du 2 février 2017.

appauvrissant la mémoire, la capacité de synthèse person-nelle et l'intériorité. Pour participer au métissage entre la culture traditionnelle du livre et celle du numérique, il faut éveiller les enfants à exercer une conscience réflexive de leur relation aux écrans et au monde virtuel. Une éduca-tion à l'autorégulation[1] ».

Les écrans non interactifs en accès libre à proscrire aux 0-5 ans

Les effets des écrans non interactifs (télévision, DVD) peuvent être délétères chez les enfants en bas âge entraî-nant notamment, selon l'Académie des sciences, « des prises de poids, des retards de langage, des déficits d'at-tention[2] ». C'est d'autant plus le cas s'il s'agit de tout-petits de moins de 5 ans placés seuls devant l'écran par leurs parents pour avoir la paix… et ce pour les raisons suivantes :

▶ le cerveau du tout-petit (0-5 ans) n'est pas du tout mature pour absorber toutes les images proposées sans filtre aucun. Sans surveillance ou présence d'un adulte à ses côtés, il est possible, voire hautement probable, qu'il soit à un moment donné confronté à des images choquantes que son cerveau ne saura pas interpréter ;

▶ le cerveau du tout-petit établit des connexions neuronales à une vitesse exponentielle et il a besoin pour se développer de stimuli multiples et variés stimulant les cinq sens (visuels, auditifs, tactiles, olfactifs et gustatifs). Le placer immobile et passif devant un écran de télé ou une tablette diffusant en boucle les mêmes contenus freinera et inhibera cette dynamique

---

1. *Ibid.*
2. Jean-François Bach, Serge Tisseron, Olivier Houdé, Pierre Léna, *L'Enfant et les écrans* : *Un Avis de l'Académie des sciences*, Le Pommier, 2013.

synaptique et aura pour conséquence de provoquer des atrophies cérébrales, à la manière d'un arbre dont les racines ne pourraient se développer faute d'eau et de lumière ;

» le contact prématuré, rapproché et continu à l'écran va activer chez le tout-petit des comportements de type addictif avec des effets neurobiologiques sous-jacents (shoots de dopamine). Si le tout-petit a pris l'habitude de regarder les écrans, il vous sera extrêmement difficile de les lui retirer, ne serait-ce qu'après quelques semaines ! Ses réactions seront alors en tout point identiques à une personne dépendante en situation de manque (crises de larmes, colère, agressivité, etc.).

En accès libre et sans la présence d'un adulte, les écrans pour les tout-petits de moins de 5 ans sont ainsi à éviter au maximum. Ce qui n'exclut pas, bien entendu, le fait de pouvoir en famille partager un joli moment de connivence, de rires et de partage devant un film ou un dessin animé !

Les écrans, ennemis du sommeil réparateur

La consommation d'écrans à outrance pour nos enfants et adolescents pose, pour ce qui concerne la qualité du sommeil, un réel problème, en particulier lorsqu'elle est pratiquée le soir, et plus encore la nuit, compte tenu du type spécifique de lumière que les écrans projettent, la lumière bleue, qui est interprétée par le cerveau comme une indication de jour. En réaction, celui-ci inhibe la production de mélatonine, hormone du sommeil sécrétée par la glande pinéale, ce qui maintient l'enfant et/ou l'adolescent en état d'éveil. Être trop longtemps rivé à son écran en soirée risque ainsi de dérégler son horloge biologique et ainsi provoquer de fait des troubles d'endormissement, voire des insomnies.

Par ailleurs, il faut noter que l'utilisation abusive et intempestive du smartphone fait perdre en qualité de mémoire à court terme de type déclarative (par exemple la capacité à se souvenir d'un numéro de téléphone). En revanche, nous gagnons en « mémoire transactive[1] » selon Daphné Bavelier, qui est celle du lieu où trouver l'information.

Un cerveau reconfiguré chez les *digital natives* ?

Une question qui n'a pas fini d'étonner les parents que nous sommes : comment nos enfants peuvent-ils à la fois réviser efficacement leurs leçons tout en écoutant de la musique et en regardant une vidéo ? Contrairement à ce qui a pu être dit, le cerveau, jusqu'à preuve du contraire, reste bien monotâche, c'est-à-dire qu'il ne peut faire deux choses en même temps sous peine d'une perte d'attention et de concentration. La raison en est simple : mener une action particulière sollicite un réseau de neurones spécifique, or les réseaux se concurrencent entre eux. C'est donc l'un ou l'autre. Seule exception, lorsque l'une des deux actions est suffisamment automatisée par le cerveau et ne requiert plus un effort cognitif particulier, on peut dans ce cas faire deux choses en même temps (par exemple, lire un livre avec en fond sonore une musique archi-connue non saillante sur le plan neuronal). La différence entre générations se situe en réalité davantage dans la vitesse de connexion entre neurones, les connexions synaptiques chez l'enfant et l'adolescent étant particulièrement rapides, ce qui leur permet de passer d'une action à une autre avec une grande rapidité et donc donner une apparence de concomitance… qui n'est qu'illusoire !

---

1. Daphné Bavelier, *op. cit.*

Quel impact de la digitalisation à long terme ?

Une question sociétale majeure sera de pouvoir évaluer l'impact à long terme de cette digitalisation ultra-présente au quotidien sur le fonctionnement et la structure du cerveau de nos enfants. Allons-nous voir se développer de nouvelles pathologies en réaction à ce changement d'écosystème né de la révolution digitale et numérique ? Le cerveau de nos enfants va-t-il muter naturellement ? Rien n'est exclu, le cerveau s'étant depuis des millions d'années toujours adapté en permanence à son environnement. Cela étant dit, il faut garder à l'esprit que ces évolutions se sont toujours faites de façon extrêmement lente et progressive sur des dizaines et centaines de milliers d'années. La digitalisation peut-elle à elle seule comme par magie accélérer le temps de l'évolution naturelle ? Réponse dans quelques décennies, à moins que d'ici là la technologie n'ait envahi notre cerveau à coups d'implants cérébraux et de nanotechnologies pour faire de nous des êtres hybrides constitués d'intelligence artificielle et biologique. Science-fiction ? Nul ne le sait aujourd'hui. Il faut savoir que d'importantes sociétés, et non des moindres, en particulier du côté de la Silicon Valley, comme Neuralink du fantasque Elon Musk, travaillent activement sur ces projets futuristes de l'avènement d'un nouvel humain augmenté.

Mais pour revenir à notre petite condition de simple humain fait de chair et de sang, il semble qu'il n'y ait pas à ce stade, avec toute la prudence qui s'impose en raison du manque de recul, de contre-indication formelle à l'usage modéré des écrans sur le plan cérébral. Au-delà des machines elles-mêmes, c'est bien l'usage individuel qui importe. Et comme si souvent avec le cerveau, notre bon sens est un précieux allié pour savoir ce qu'il convient ou non de faire pour et avec nos enfants.

INTERRO SURPRISE : « IMAGINEZ L'ÉCOLE IDÉALE »

CONSTRUIRE ENSEMBLE L'ÉCOLE DE DEMAIN

*« N'élevons pas nos enfants
dans le monde d'aujourd'hui,
ce monde aura changé
lorsqu'ils seront grands. »*

Maria Montessori

C'est une interrogation surprise… plutôt inattendue que vivra Manon cet après-midi à l'école. Sujet du jour proposé par M. Blackstone, son inclassable professeur de CM2 : « Imaginez l'école idéale ». Le genre de thématique futuriste que Manon adore. Dès qu'il s'agit de se projeter dans l'avenir, de concevoir, de créer quelque chose de nouveau en ayant carte blanche, Manon se sent comme un poisson dans l'eau ! Ses petits neurones se bousculent au portillon, le problème n'est jamais d'avoir des idées pour Manon, elle en a des milliers, le défi est davantage de les mettre en musique, de les organiser, de les hiérarchiser… Ça fuse de tous les côtés ! Pas d'entraves, pas de cadres, pas de consignes, juste une feuille blanche devant elle, Manon est dans son jardin !

M. Blackstone est un professeur atypique extraordinaire. Lui aussi casse les lignes, déroge aux règles, disrupte en permanence. Les enfants l'adorent, pas étonnant ! Il se montre toujours d'humeur égale, il est créatif, souriant, bienveillant, attentionné. Il adore son métier. Sa passion de transmettre est toujours intacte après une vingtaine d'années au sein de l'Éducation nationale. Son kif ? Celui de révéler un enfant à lui-même, surtout quand celui-ci est considéré comme perdu par les autres professeurs. Sa pédagogie innovante et haute en couleur ne lui vaut pas que des amitiés parmi ses pairs. Certains s'agacent de son entêtement à ne jamais respecter les programmes à la lettre, d'autres jalousent les nombreux éclats de rire fusant de sa classe… M. Blackstone énerve bon *nombre de ses confrères mais a également ses chauds partisans qui lui reconnaissent, derrière l'apparente et fausse décontraction du personnage, l'efficacité de sa méthode auprès des enfants, en particulier face aux plus fragiles ou aux plus atypiques. Dans ce contexte clivant, le directeur de l'école, lui, a tranché ! Après quelques mois d'observation prudente à distance, M. Michel convoqua un jour M. Blackstone pour lui tenir un discours plutôt inattendu…*

« Monsieur Blackstone, j'ai longtemps pensé que vous étiez un peu bizarre, j'ai même cru par instants que vous étiez fou. J'ai reçu des réserves à votre sujet de certains de vos collègues, et aussi de parents ne comprenant rien à vos méthodes et où vous vouliez réellement en venir dans votre style d'éducation. Je vous ai ainsi longuement et minutieusement étudié avant de me faire un avis. J'ai observé l'évolution des enfants passant dans vos classes. Et tout bien considéré, je crois, cher monsieur Blackstone, que vous êtes un professeur de génie et sans le moindre doute le meilleur que j'aie jamais rencontré de ma vie d'enseignant et de directeur. Alors, promettez-moi une chose, monsieur Blackstone, une seule, continuez ainsi à n'en faire qu'à votre tête, continuez à nous inventer une école que les enfants adorent et dans laquelle ils s'épanouissent. Vous allez changer le destin de beaucoup d'entre eux parmi ceux qui auront la chance de passer dans vos classes. J'aurais tellement adoré avoir votre talent, monsieur Blackstone, mais comme je ne l'ai pas, je vais faire en sorte que vous puissiez le développer en toute liberté au sein de notre établissement. Nous avons beaucoup de chance de vous avoir. Je vous remercie au nom des enfants. »

D'ordinaire si volubile, M. Blackstone resta un long moment prostré devant le directeur, le fixant droit dans les yeux, des larmes coulant le long de ses joues.

« Je vous remercie de m'avoir si bien compris, monsieur Michel, je vous en remercie infiniment. Ce métier est toute ma vie,

vous le savez, je l'adore. Il n'y a pas un matin où je ne me pose pas la question de savoir comment je vais pouvoir être plus utile à tel ou tel enfant, comment je vais pouvoir me réinventer, quel nouveau truc je vais encore pouvoir sortir de mon chapeau pour donner plus encore aux élèves le goût d'apprendre et de s'ouvrir au monde. Je suis si touché par vos mots. Vous savez, monsieur Michel, je crois profondément à la capacité de l'école de la République à se transformer de l'intérieur pour mieux répondre encore à son incroyable mission auprès de tous les enfants, sans distinction. C'est notre mission, notre honneur et notre privilège. À ma toute petite échelle, je ferai tout pour y contribuer.

— Merci, monsieur Blackstone, j'en suis convaincu. Ne lâchez rien, nous avons besoin de vous, vous êtes précieux à notre école et nos enfants. »

Après une demi-heure d'intenses cogitations, la correction en groupe de l'interro surprise démarre. « Alors, qui a envie de nous parler de son école de demain ? » demande joyeusement M. Blackstone à la classe entière. Manon lève la main. « Ah, formidable, Manon, je t'en prie. Alors, comment tu la verrais, toi, cette école magique ? » Manon se lève. « Je crois que l'école de demain devrait nous faire un peu plus rigoler » — réflexion qui déclenche aussitôt l'hilarité générale… « Ça, c'est bien vrai, lui rétorque malicieusement M. Blackstone, mais comment ferais-tu pour cela ? Tu as des idées, Manon ? » « Ben voilà, quand on apprend, si l'on est triste ou si l'on a peur de ne pas réussir, on n'arrive pas à retenir grand-chose, alors que quand on est heureux et que l'on peut jouer et rigoler, tout est facile, on apprend sans même s'en apercevoir. Et puis, il y a autre chose, l'autre jour, mon papa m'a appris à faire des crêpes, il m'a d'abord expliqué la recette, j'ai pas tout compris car j'écoutais pas trop et à la fin il m'a dit : "À toi de jouer, je voudrais une crêpe beurre-chocolat, mademoiselle Manon." Et là, je lui ai dit qu'il était fou, que je ne savais pas faire, mais il m'a dit d'essayer et qu'il était sûr qu'il allait manger une super crêpe. Du coup, j'ai commencé à faire la pâte, il m'a un peu aidée quand j'avais besoin, et on a fait des super méga bonnes crêpes pour toute la famille. Même mon petit frère en a mangé. C'était super ! » « *Merci, Manon, c'est top, bravo ! D'autres idées ?* » *Pauline lève la main.* « *Oui, Pauline ?* » « *Il faudrait aussi plus nous demander notre avis sur ce que l'on veut apprendre et nous laisser travailler à notre rythme.* » *Et Romain de surenchérir :* « *Et aussi, faire des équipes, comme au foot !* » « *Et plus nous encourager aussi, pas juste nous dire quand on a raté !* » *poursuit Axel.* « *Eh bien, vous savez quoi, les enfants, vous êtes les plus grands chercheurs de cerveau que je connaisse, vous avez tout compris ! Donc voilà ce que l'on va faire : on note toutes vos idées, on regarde comment on peut mettre cela en place dans le fonctionnement de la classe et on commence dès demain matin. Qui est pour ?* » *Et tous les enfants instantanément de lever la main et de crier leur joie. La sonnerie retentit, les élèves sortent rigolards et remontés comme des pendules. Vive l'école ! Le magicien de génie M. Blackstone a encore réussi son coup...*

LA NEUROÉDUCATION, AVENIR DE L'ÉDUCATION DES ENFANTS ?

On entend de plus en plus parler de neuroéducation, de neuropédagogie, mais de quoi s'agit-il exactement ? Que recouvre précisément cette énième appellation « neuro » ? Est-ce une nouvelle mode ou cela correspond-il à une évolution en profondeur à venir de l'éducation ? Le principe de base est assez simple : si tous les cerveaux ont une structure anatomique relativement identique (environ 100 milliards de neurones pouvant se connecter 10 000 fois aux autres, 6 lobes, 2 hémisphères, etc.), chaque cerveau, et en particulier chaque cerveau d'enfant, est unique dans son architecture en réseau, sa connectivité fonctionnelle, son plissement cérébral, etc. Et ce sont justement ces spécificités que se propose de prendre en compte la neuroéducation au travers d'une pédagogie personnalisée et adaptée à chaque enfant. En clair, on fait du sur-mesure éducatif en fonction de la configuration cérébrale propre de l'enfant ou, pour prendre une analogie plus que contestable, on passe d'un système de poulets éduqués en batterie… au champ au grand air où chaque enfant se verrait donner la possibilité d'exprimer librement (mais non sans encadrement, la nuance est essentielle) ses talents propres.

Le développement de la neuroéducation va de pair avec celui de l'imagerie médicale. Nous arrivons aujourd'hui, et plus encore demain, à déchiffrer plus finement les aptitudes des enfants, leurs facilités, leurs difficultés et donc leur potentiel par l'étude de leur morphologie cérébrale. Des zones sont plus particulièrement étudiées comme le cortex cingulaire antérieur, l'insula, le cortex préfrontal inférieur. Ce progrès dans la connaissance a aussi un caractère de prédictabilité. En déchiffrant plus précisément la morphologie et la connectivité cérébrale de chaque enfant, il nous sera plus aisé d'anticiper ses difficultés. Tout cela, sur le papier, se tient, mais néanmoins se heurte rapidement à quelques principes éthiques et de réalité. Tout d'abord, n'allons-nous pas, au travers de cette nouvelle phrénologie 4.0, vers une tentation eugéniste où les enfants seraient diagnostiqués, voire dépistés, dès leur plus jeune âge avec tous les risques d'équité et d'instrumentalisation induits ? Outre les questionnements éthiques, *quid* de la faisabilité d'une telle démarche ? Allons-nous faire passer des IRM anatomiques à visée éducative à nos millions d'enfants à l'entrée de la maternelle, alors que nous n'avons déjà pas suffisamment d'outils d'imagerie cérébrale disponibles en France pour traiter le seul volet pathologique ? Attention alors à la tentation scientiste qui aboutirait à avoir une lecture du monde selon l'unique prisme des neurosciences et à substituer un déterminisme sociologique à un déterminisme neuronal.

Alors, que faire d'intelligent, de réaliste et surtout d'utile pour aider nos enfants à mieux apprendre ? Probablement faut-il commencer par le commencement, à savoir…

1. Former les parents, les professeurs et les professionnels de la petite enfance au fonctionnement du cerveau des enfants. Comment prétendre en effet éduquer ou enseigner, en ignorant tout ou presque de la boîte noire qui est aux commandes ? Cette méconnaissance est d'autant plus regrettable (et assez invraisemblable quand on y pense…) que nous avons désormais à notre disposition une somme de connaissances colossale issues de la recherche fondamentale et appliquée. En résumé, il nous faut d'urgence des cours de cerveau ! (Notez que cette remarque s'applique aussi au monde du travail et du management, ce qui n'est toutefois pas le sujet de ce livre.)

2. Développer au sein de chaque classe de notre pays des programmes simples, réalistes, peu coûteux permettant d'optimiser les capacités cognitives de nos enfants, mais aussi (et surtout, à vrai dire) leur intelligence émotionnelle et relationnelle. Cela passe par des exercices quotidiens de respiration et de méditation qui agiront sur les équilibres neurobiologiques du cerveau de chaque enfant et donc sur leur niveau de performance. Cela passe par des cours spécifiques sur l'empathie, la coopération, l'altruisme. Cela passe par des programmes de sensibilisation autour de la reconnaissance et de la régulation des émotions, en particulier de la gestion du stress. Et le plus tôt sera le mieux, ces enseignements précoces aux différentes facettes de l'intelligence humaine ne pouvant qu'être formidablement utiles individuellement pour les enfants et collectivement pour notre société.

3. Placer le système scolaire et éducatif dans une logique d'apprenant permanent. Les neurosciences évoluent chaque jour, les nouvelles données arrivant du monde entier nous questionnent, nous remettent en cause, nous font évoluer jusqu'à parfois invalider nos précédentes conclusions, et c'est tant mieux. C'est tout l'objet et l'intérêt de la science. Notre système éducatif ne doit pas avoir peur de cette nouvelle connaissance relative au fonctionnement cérébral, mais au contraire s'en servir et l'utiliser au profit de nos enfants, en maintenant bien entendu des garde-fous éthiques et en conservant le principe fondamental d'équité entre tous. Il faut davantage expérimenter et développer en s'appuyant sur le concept du « *test & learn* ». On n'apprend pas seulement dans les livres ou dans les laboratoires de recherche ou d'imagerie médicale, mais aussi et avant tout sur le terrain, dans les classes, au plus près des enfants ! Il est essentiel sur ce point de rapprocher

nos chercheurs de nos professeurs et enseignants, les solutions naîtront de la confrontation bienveillante et passionnée de leurs points de vue et de la complémentarité de leurs sensibilités et compétences. Saluons ici l'initiative du ministère de l'Éducation nationale qui, avec la création en juin 2018 du 110 bis, Lab d'innovation de l'Éducation nationale regroupant des professeurs, des chercheurs, des entrepreneurs, des start-up, des étudiants, etc., semble vouloir aller dans ce sens.

En une phrase, vive l'agilité éducative éthique, joyeuse et créative, le monde de demain nous la réclame !

LE MODÈLE ÉDUCATIF FINLANDAIS... NEURO-COMPATIBLE !

À chaque publication des résultats PISA[1] tous les trois ans, les commentateurs ne manquent jamais de souligner les excellents résultats du modèle éducatif finlandais, à tel point que celui-ci semble être devenu dans le monde entier une référence, une matière à réflexion et une source d'inspiration. Mais qu'ont donc fait nos amis finlandais pour arriver à un tel niveau d'excellence ? C'est précisément sur cette question très intéressante qu'a planché Laurent Fargues, journaliste au magazine *Challenges*[2], pour tenter de percer le mystère finlandais. Entre tableau noir et écran numérique, écrit-il, Maria Hukkanen, enseignante dans un quartier résidentiel d'Helsinki, n'a pas eu à choisir puisqu'elle utilise les deux. « Je passe de l'un à l'autre, c'est un atout pour capter l'attention des

1. Programme international pour le suivi des acquis des élèves, développé par l'OCDE.
2. Laurent Fargues, « L'école finlandaise, un modèle d'éducation dont pourrait s'inspirer la France », *Challenges*, 11 décembre 2016.

élèves. » Une classe qui ressemble par ailleurs bien plus à l'intérieur douillet du domicile des élèves avec un canapé, un piano, une guitare, des déguisements, etc., cette scénographie innovante permettant de rompre avec le caractère rébarbatif et repoussoir d'une classe à l'ancienne en rang par trois, ce qui contribue à placer les élèves dans des conditions d'apprentissage familières et optimales.

Seconde spécificité, le jeu est au cœur du modèle éducatif finlandais. Jeux de piste pour découvrir les cinq continents, initiation à la physique grâce à de petits robots, rappelle Laurent Fargues. « J'attends des enseignants qu'ils sachent motiver leurs élèves et les tirer vers le haut. Qu'ils soient des leaders pédagogiques », explique Anna-Mari Jaatinen, la directrice de l'école. Et ce mot d'ordre s'applique à tout le pays !

Troisième axe de travail, la quasi-absence des notes en primaire et une bienveillance revendiquée en collège avec des notes ne descendant jamais en dessous de 4 sur 10. Les redoublements sont, eux, rarissimes.

Quatrième axe, des emplois du temps près d'un quart moins chargés qu'en France, une quasi-absence de devoirs à la maison et une prise en charge personnalisée dès qu'un élève décroche par un enseignant spécialisé qui est spécifiquement formé pour ce type de cas.

Cinquième axe et pas le moindre, un management responsabilisant et proche du terrain avec une très forte autonomie et un réel pouvoir de décision des chefs d'établissements. « Ce sont les proviseurs qui recrutent les professeurs et ça change tout ! assure Marie-Aude Boucher, principale adjointe du lycée franco-finnois d'Helsinki et ancienne professeur en Seine-Saint-Denis. Toute l'équipe est associée et mobilisée derrière le projet d'établissement. » Les enseignants finlandais sont de fait bien plus valorisés socialement et gagnent entre 10 et 20 % de plus qu'en France.

Une fois en poste, explique Laurent Fargues, « ils jouissent d'une grande liberté pour adapter les enseignements et travaillent en équipe. Ils passent en moyenne deux à trois heures par semaine en réunion pour discuter des cours, des élèves en difficulté, des temps forts de l'école… Des pratiques encore trop rares sous nos latitudes ».

Le système éducatif, rappelle le journaliste, représente 5,7 % de la richesse nationale du pays, ce qui est très proche du niveau de la France qui se situe à 5,3 %, avec néanmoins une spécificité : la décision d'accorder des moyens bien plus importants dans le primaire. « Chaque Finlandais a conscience que l'éducation est un élément clé de notre indépendance, souligne Anita Lehikoinen, secrétaire d'État au ministère de l'Éducation. L'école n'est pas un sujet de clivage chez nous, mais de rassemblement. » Un esprit d'union nationale autour de l'école que reprend Éric Charbonnier, spécialiste de l'éducation à l'OCDE en comparant la situation des deux pays : « La principale leçon du modèle finlandais pour la France, c'est sa formidable capacité à se remettre en cause sans se perdre dans des querelles politiciennes. »

Et la Finlande ne compte pas s'arrêter en si bon chemin ou se reposer sur ses lauriers. Comme le souligne Julie Philippe dans le journal *La Dépêche*[1], elle va devenir le premier pays à supprimer les matières scolaires. À partir de 2020, écrit-elle, « les jeunes Finlandais ne seront plus forcés de suivre une heure de mathématiques ou de langue. À la place, des cours pluridisciplinaires seront proposés. Au lieu d'avoir une heure de géographie, les élèves passeront par exemple deux heures à étudier l'Union européenne, à travers différents prismes : économie, géographie, langue et histoire ». De nouvelles façons d'apprendre seront

---

1. Julie Philippe, « Bientôt la fin des matières scolaires pour les petits Finlandais », *La Dépêche*, 3 mai 2018.

également encouragées avec une importance toute particulière accordée au travail collaboratif et à la résolution de problèmes en petits groupes. Et la ministre de l'Éducation finlandaise Marjo Kyllonen d'enfoncer le clou : « Nous avons besoin de repenser l'éducation et de redessiner notre système afin de préparer nos enfants au futur avec les compétences nécessaires. Certaines écoles fonctionnent encore comme au XXe siècle, mais nous sommes au XXIe siècle ; les besoins ont évolué et nous devons créer quelque chose qui soit adapté à notre siècle. » Et ce « quelque chose adapté à notre siècle » revient à imaginer un enseignement élaboré sur mesure pour permettre au cerveau de nos enfants de s'épanouir et non d'être inhibé en permanence. Du point de vue des neurosciences, le modèle finlandais est très intéressant puisqu'il permet d'activer le circuit cérébral de la récompense et de la motivation chez les enfants au détriment du circuit de la menace, d'où une plus grande motivation, davantage de plaisir à apprendre, une meilleure attention et estime de soi, et *a contrario* moins de stress, d'anxiété et de sentiment d'échec. Il y a ainsi fort à parier qu'avec une approche de l'école aussi innovante, agile, responsabilisante et adaptée au fonctionnement cérébral des enfants, le système éducatif finlandais continue à truster les bonnes places dans tous les classements internationaux. De quoi inspirer de nombreux autres pays, à commencer par le nôtre…

PISA, l'alpha et l'oméga de l'évaluation scolaire ?

Du 2 au 25 mai 2018, 7 000 élèves français provenant de 252 établissements scolaires (établissements publics et privés sous contrat, collèges et lycées agricoles, généraux, technologiques ou professionnels) ont passé les épreuves du Programme PISA. Chapeauté par l'OCDE, ce programme mesure tous les trois ans, depuis 2001, l'efficacité de 79 systèmes éducatifs à travers le monde *via* l'évaluation des connaissances et compétences d'élèves âgés de 15 ans.

Le but affiché par les concepteurs de PISA est d'évaluer dans quelle mesure les élèves possèdent les « compétences et connaissances essentielles pour participer pleinement à la vie de nos sociétés modernes ». L'enjeu est donc de savoir mobiliser les connaissances acquises pour les appliquer dans la vie quotidienne. Autre intérêt, PISA permet de suivre dans le temps l'évolution de l'acquisition des connaissances pays par pays, de pouvoir les comparer et, pourquoi pas, de pouvoir s'inspirer pour qui le souhaite des systèmes éducatifs performants.

Ce sont ainsi au total près de 540 000 élèves du monde entier qui ont été testés, cet échantillon représentant l'équivalent d'environ 30 millions d'élèves. L'évaluation, qui dure au total 3 h 30, se compose de quatre épreuves :

- une épreuve de compréhension de l'écrit ;
- une épreuve de culture mathématique ;
- une épreuve de culture scientifique ;
- deux questionnaires axés sur le milieu socioculturel des élèves et les techniques d'information et de communication.

Le palmarès

PISA a initialement consacré les pays nordiques comme les bons élèves de la classe, la Finlande arrivant en tête. Quand le nombre de participants au classement s'est étoffé, plusieurs villes ou pays asiatiques comme Shanghai, Hong Kong, le Japon ou Taïwan ont occupé les premières places. Côté Europe, il faut noter que l'Allemagne a opéré un redressement spectaculaire (appelé « choc PISA » avec les 15ᵉ, 10ᵉ et 16ᵉ places en sciences / lecture / mathématiques) grâce à d'importantes réformes de son système éducatif engagées à la suite de son médiocre résultat lors de l'édition 2000. Quant à la France, elle obtient des résultats moyens et pour tout dire décevants lors de cette édition 2016 en étant classée respectivement 26ᵉ, 19ᵉ et 26ᵉ pour les sciences, la compréhension de l'écrit et les mathématiques. L'OCDE ne manquant pas de souligner pour la France, de nouveau, l'influence prédominante de l'origine sociale des élèves sur leur réussite scolaire, et de fait le caractère inégalitaire de notre système éducatif plus marqué que dans les autres pays développés.

Des réserves méthodologiques

Un certain nombre de réserves, voire de critiques, ont été émises sur cette classification PISA, tout particulièrement, il faut le dire, émanant de pays ne figurant pas parmi les mieux notés. Côté français, on a regretté, entre autres, que l'évaluation en mathématiques ne porte que sur la capacité des élèves à mobiliser leurs connaissances dans des situations de la vie quotidienne, ce qui est assez éloigné des programmes tels qu'ils sont conçus dans notre pays. Dont acte. Mais une autre façon de voir les choses pourrait être de nous demander si notre mode d'enseignement n'est jus tement pas trop théorique ? En compréhension de l'écrit, les tests PISA reprennent des extraits de livres, d'articles de presse et d'autres documents, là où les élèves français ont l'habitude d'étudier des textes littéraires. Nos enfants seraient ainsi, selon les détracteurs de PISA, moins familiarisés avec le type de questions posées que les élèves d'autres pays. Là encore la critique s'entend mais peut-être notre enseignement devrait-il davantage se rapprocher de la vie quotidienne pour éviter cet écueil ? Des professionnels de l'éducation en Suisse ont de leur côté critiqué un changement de méthodologie entre les deux dernières enquêtes qui rendait *de facto* impossibles les comparaisons. Tout particulièrement le fait que les évaluations de 2016 ont été, pour la première fois, réalisées sur ordinateur et non plus sur papier. L'argument est là encore recevable. Quelles que soient les critiques ici et là, une chose est néanmoins sûre : nos gouvernants du monde entier scrutent de près la prochaine mouture PISA qui sera publiée en 2019 et qui sera, à n'en point douter, riche d'enseignements !

MONTESSORI, LE CERVEAU DES ENFANTS ADORE !

« L'enfant n'est pas un vase que l'on remplit, mais une source qu'on laisse jaillir… Éduquer, ce n'est pas dresser. » Voilà comment Maria Montessori (1870-1952), première femme médecin d'Italie, résumait son engagement et sa philosophie au service des enfants il y a de cela plus d'un siècle, puisque la première Maison des enfants (*Casa dei Bambini*) ouvrit ses portes en 1907.

Le principe fondateur, révolutionnaire pour l'époque comme vous pouvez aisément l'imaginer, était de laisser aux enfants un vaste espace de liberté et une grande autonomie pour choisir et développer leurs activités à leur rythme et pendant le temps qu'ils souhaitaient. Ce faisant, Maria Montessori constate que les tout-petits peuvent se concentrer, s'autogérer et apprendre avec une plus grande facilité, dès lors qu'ils sont accompagnés par des éducateurs disponibles, à l'écoute et bienveillants. Plus de cent dix ans plus tard, ce sont aujourd'hui plus de 22 000 écoles au label Montessori qui ont ouvert leurs portes à travers le monde, pour environ 200 écoles et ateliers créés en France ou en voie de l'être.

La philosophie Montessori

La pédagogie Montessori repose sur des principes et partis pris assumés en matière d'éducation des enfants que nous avons choisi, dans un souci de lisibilité, de résumer en six points clés.

La liberté

Notion fondamentale de la pédagogie Montessori ! Les enfants sont libres de choisir l'activité qu'ils souhaitent suivre parmi celles proposées et peuvent se déplacer et évoluer librement, pour autant qu'ils respectent l'ambiance et le cadre de travail fixés par les éducateurs.

L'apprentissage par l'expérience

Rien de mieux que l'expérience concrète et le mode projet pour apprendre et assimiler de nouveaux concepts. Un minimum de théorie, de verbal et de cours magistraux pour un maximum de pratiques et d'expérimentations sollicitant nos cinq sens, seul ou en groupe : faire en apprenant, apprendre en faisant…

La fixation d'objectifs en commun par étapes successives

En définissant ensemble entre l'éducateur et l'enfant les objectifs à atteindre et « en découpant le gâteau en morceaux » *via* des étapes successives à atteindre d'un niveau ni trop difficile ni trop facile, l'enfant peut ainsi développer sur le long terme son attention et ses capacités de planification sans stress excessif.

L'autonomie, l'implication et le non-jugement

Dans les écoles Montessori, les enfants n'attendent pas le couperet des notes délivrées par des instances supérieures, mais sont directement impliqués dans toutes les phases de l'apprentissage, y compris celle de l'évaluation *via* des feedbacks réguliers et constructifs. La question n'est pas tant d'être premier ou dernier de la classe ou d'avoir un 20/20, mais plutôt de s'inscrire dans une démarche progressive et continue d'apprenant et de développement au cours de laquelle l'enfant est constamment valorisé sur son sens de l'effort et les progrès réalisés.

Le respect du rythme de chacun

La pédagogie Montessori accorde une importance particulière au respect du rythme interne de chaque enfant. L'éducation n'est pas une course contre la montre où les premiers arrivés sont les gagnants et les derniers les perdants. Il s'agit pour chaque enfant d'avancer à son rythme dans une logique de développement personnel. Le respect des rythmes chronobiologiques de l'enfant est en particulier privilégié, de façon à calquer les phases d'apprentissage en fonction des moments clés de la journée.

Le sens, l'exemplarité et l'épanouissement personnel

Selon Maria Montessori, l'exemplarité des éducateurs et l'incitation à développer des bonnes pratiques sont plus efficaces que la coercition et l'éducation verticale aux ordres. L'enfant fait les choses non par contrainte mais par envie et par compréhension du sens de celles-ci et de leur finalité. Si l'enfant est et se sent respecté, il aura naturellement tendance à reproduire les mêmes schémas comportementaux vis-à-vis de l'autre (éducateurs, autres enfants, etc.) et pourra naturellement s'épanouir au sein d'un environnement positif et ouvert.

L'organisation Montessori

Les écoles Montessori sont à l'origine ouvertes aux enfants de 3 à 12 ans, c'est-à-dire aux écoles maternelles et élémentaires. Cela étant, il existe aussi des collèges et des lycées « d'inspiration montessorienne », de même que des crèches qui reprennent les mêmes principes éducatifs. Le primaire est organisé en plusieurs classes :

- la première, appelée la « Maison des enfants », correspond à la maternelle et s'adresse aux 3-6 ans ;
- la seconde, appelée « école élémentaire », se subdivise en deux classes : une première pour les 6-9 ans et une seconde pour les 9-11 ans (ces deux classes pouvant être parfois fusionnées).

Les passages d'une classe à l'autre sont beaucoup moins formels que dans le système éducatif classique, et peuvent même se faire en cours d'année en fonction du rythme d'évolution de l'enfant afin d'accompagner au plus près son développement (notion de sur-mesure en continu).

Le bilinguisme français-anglais est fortement encouragé dès la maternelle avec des éducateurs francophones et anglophones.

Les activités proposées aux enfants couvrent un vaste domaine de centres d'intérêt et d'apprentissage reprenant très largement le programme de l'Éducation nationale (mathématiques, français, langues étrangères, sciences, histoire et géographie, musique, arts, etc.) et y ajoutant quelques spécificités (notamment autour de l'expérimentation des cinq sens). Le rôle de l'éducateur(trice) montessorien(ne) n'est pas de délivrer un enseignement descendant en bourrant le crâne des petites têtes blondes dont il a la charge, mais plutôt d'éveiller leur intérêt et leur curiosité en décuplant leur envie d'apprendre.

Bon à savoir sur les écoles Montessori…

Maria Montessori n'ayant pas protégé le nom de son vivant, n'importe quelle structure peut librement se revendiquer Montessori sans en appliquer rigoureusement les principes éducatifs, ce qui est facteur de confusion. L'Association Montessori de France[1], qui certifie les établissements au

---

1. Association Montessori de France – www. montessori-France.asso.fr

terme d'un processus long et exigeant, a recensé à ce jour environ 50 structures opérationnelles en France.

Le ministère de l'Éducation nationale ne reconnaît pas le statut sous contrat des écoles Montessori, ce qui signifie qu'elles sont toutes hors contrat et par voie de conséquence financées exclusivement par les parents des enfants accueillis. Les frais de scolarité varient selon différents critères, notamment la localisation de l'école, l'âge des enfants accueillis, etc. Il faut compter environ 5 000 euros annuels pour l'accueil d'un enfant en école maternelle sur Paris et sa région, ce qui *de facto* exclut de nombreuses familles ne pouvant supporter un tel coût.

Montessori décrypté par les neurosciences

La philosophie éducative des écoles Montessori rejoint largement les plus récentes découvertes des neurosciences, en particulier celles relatives aux mécanismes cérébraux sous-jacents à l'apprentissage (importance de l'apprentissage par l'action, du jeu, de la bienveillance, du respect des rythmes cérébraux, etc.). Ce faisant, les enfants mobilisent en particulier leurs circuits dopaminergiques de la récompense et de la motivation, inhibent celui de la menace. Sans surprise, les résultats obtenus sont intéressants. Comme le rappelle le magazine *Cerveau & Psycho* dans son numéro de novembre 2017[1], la revue *Science* a publié en 2006 les résultats d'une étude menée auprès de 120 enfants âgés de 5 à 12 ans sur la pédagogie montessorienne indiquant qu'à la sortie de la maternelle, les jeunes issus du groupe Montessori obtiennent de bien meilleurs résultats en mathématiques et en lecture, et qu'à l'entrée dans le secondaire, les enfants se montrent plus sociaux et créatifs. Comme quoi, nul besoin (parfois) des

---

1. Que reste-t-il de notre enfance ?, *Cerveau & Psycho*, n° 93, novembre 2017.

technologies d'imagerie cérébrale les plus avancées pour bien faire. Le bon sens, l'intuition et l'observation attentive des enfants ont suffi à Maria Montessori, il y a plus d'un siècle, pour imaginer un système éducatif neuro-compatible. L'engouement actuel autour de la pédagogie Montessori semble donc relativement légitime au regard des récentes découvertes des neurosciences, et nous sommes au-delà d'un simple effet de mode alimenté par d'anciens prestigieux montessoriens tels les fondateurs de Google, Sergey Brin ou Larry Page, et bien d'autres.

Quelques réserves importantes néanmoins qu'il convient, dans un souci d'objectivité, d'émettre :

▶ la première, pratico-pratique, bien entendu concerne le non-dépôt du nom Montessori (et donc sa non-protection juridique) qui, hélas, a pour conséquence de voir naître ici ou là des structures se revendiquant de la pédagogie Montessori sans forcément en avoir la qualité. Attention au choix de l'établissement pour vos enfants, il faut bien se renseigner…

▶ la deuxième est liée au coût de ces écoles Montessori qui, tant qu'elles ne seront pas reconnues par l'Éducation nationale et sous contrat, ne pourront être que réservées à une certaine élite sociale et financière de notre pays. Il est en effet impossible et impensable pour une majorité de Français de payer par an et par enfant des milliers d'euros dès la maternelle ;

▶ la troisième réserve concerne la compatibilité et les passerelles possibles entre le modèle éducatif dit « classique » et le système montessorien. Autrement dit, *quid* de l'avenir d'un enfant ayant été éduqué dans une structure Montessori entre 3 et 12 ans quand il rejoindra les établissements de l'Éducation nationale ? C'est une question complexe car évolutive en permanence en fonction des valeurs dominantes de la société, du mode managérial et de recrutement en vigueur au sein de nos entreprises, des orientations politiques prises par nos gouvernants en matière d'enseignement supérieur, etc.

Imaginez, par exemple, un monde très vertical, aux ordres, un monde où les maths et le français seraient l'alpha et l'oméga de la réussite scolaire des enfants, un monde où l'obéissance et la discipline seraient des vertus cardinales, un monde dans lequel les têtes qui dépassent seraient à couper, un monde de processus et de procédures à respecter au millimètre afin de ne jamais sortir du cadre bien-pensant, un monde où les initiatives ne seraient pas forcément les bienvenues… Ça vous rappelle quelque chose ? Dans ce cas, les enfants montessoriens seront en très grande souffrance dans cet environnement qui leur ressemblera si peu et dans lequel ils ne pourront exploiter leurs compétences acquises, notamment leurs compétences sociales.

Imaginez maintenant un monde totalement disruptif qui bougerait à cent à l'heure, un monde où l'on valoriserait non seulement l'intelligence cognitive pure, mais aussi l'intelligence émotionnelle, relationnelle, situationnelle, un monde où il faudrait aller vite et être réactif en fonctionnant en permanence en mode « *test & learn* », un monde où la culture générale et l'amour de la philosophie et des arts seraient aussi importants, si ce n'est plus, que les maths et la physique, un monde où le mode horizontal dynamique et en réseau serait valorisé, un monde où l'empathie et la bienveillance deviendraient des valeurs montantes, sinon dominantes… Ça vous dit encore quelque chose ? Normal, nous sommes précisément en train de passer de ce premier monde au second et c'est là une formidable nouvelle sociétale, même si cette évolution ultra-rapide provoque bien des questionnements légitimes. Logiquement, les enfants montessoriens et ceux des autres modèles éducatifs mettant l'accent sur une meilleure synergie entre les différentes formes d'intelligences (cognitive, émotionnelle et relationnelle) se sentiront bien plus à leur aise. Il est d'ailleurs probable que les convergences entre le système éducatif dit « classique » et ces autres modèles éducatifs vont aller en s'accélérant (l'intérêt récent du ministère de l'Éducation nationale pour les neurosciences plaide en ce sens). Cette troisième réserve est ainsi sur le point de se muer en promesse, il faut s'en réjouir. Vive la neuroéducation !

LE 110 BIS, LAB D'INNOVATION PÉDAGOGIQUE DE L'ÉDUCATION NATIONALE

Le 110 bis[1], « lab d'innovation de l'Éducation nationale », inauguré en juin 2018, se définit comme un espace ouvert de 350 m² situé au cœur du ministère de l'Éducation nationale (110, rue de Grenelle à Paris). Dédié à l'innovation sociale, organisationnelle, scientifique et technique, ce lieu a pour objectif d'offrir à tous les acteurs de l'Éducation nationale un nouveau cadre de liberté pour expérimenter, échanger, apprendre et tester rapidement des solutions en vue de répondre aux défis de l'éducation d'aujourd'hui et surtout de demain.

L'idée, rappelle le ministère, est née d'un constat partagé par les acteurs de l'Éducation nationale : si « en administration centrale comme dans les territoires, l'institution et ses partenaires peuvent être à l'origine d'initiatives nouvelles, avec un potentiel de création de valeur et d'essaimage

---

1. www.education.gouv.fr/110bislab/cid130754/presentation-du-110-bis-lab-d-innovation-de-l-education-nationale.html

parfois très élevé », force est de constater, dans les faits, que le manque de structures et de services accessibles ne permet pas aux porteurs de projets éducatifs innovants d'être efficacement accompagnés. D'où le sentiment diffus d'une certaine pesanteur au sein du système éducatif classique et d'une inadaptation croissante face à un monde de demain se construisant à une vitesse exponentielle. Il y avait dès lors nécessité à créer un lieu physique pouvant jouer ce rôle d'aiguillon et de catalyseur, la ruche du 110 bis est née !

Le 110 bis s'est fixé quatre enjeux prioritaires :

- établir un dispositif de dialogue ouvert et horizontal pour tous les acteurs de l'éducation, qu'ils soient internes ou externes au ministère ;
- mieux comprendre et appréhender les transformations impactant la société de la connaissance et donc l'Éducation nationale ;
- impulser de nouvelles façons de travailler, de collaborer, de documenter et contribuer à l'appropriation et à la diffusion de ces méthodes ;
- accompagner les porteurs de projets innovants (agents des administrations centrales et déconcentrées, enseignants, personnels des établissements, etc.) en leur fournissant des ressources et des outils pour développer et valoriser leur projet.

Faisant partie intégrante du ministère tout en revendiquant son statut à part avec une liberté de ton et d'action assumée, le 110 bis se veut un lieu apprenant, ouvert, bienveillant dans lequel chacun pourra librement et dans un esprit constructif apporter sa pierre à l'édifice, qu'il soit enseignant, élève, entrepreneur, etc. Un nouveau lieu d'échanges et d'interactions à suivre de très près, en espérant que ces bonnes intentions politiques seront rapidement suivies de résultats concrets et utiles à nos enfants et enseignants !

Mais oui, mais oui... l'école est finie !

Développer le cerveau de son enfant

Pierre a dégagé du temps cet après-midi pour aller faire un peu de sport. C'est un besoin vital pour l'écrivain qu'il est, un moyen pour lui d'évacuer mentalement toutes les tensions latentes et toxines accumulées. Une façon aussi de bouger son corps qui reste de très longues heures assis sur sa chaise de travail. Une élégance et une attention enfin vis-à-vis de Sam qui pourrait être avec un mec bien plus jeune et bien plus beau. S'entretenir est aussi un moyen de lui dire à quel point il l'aime…

Pierre est resté sur l'échange de ce midi avec Alex. Il est inquiet, désemparé. Il ne comprend pas son fils qui semble n'être intéressé que par la fête, ses potes et les jeux vidéo au point d'en oublier le reste et se mettre en difficulté. Pierre pense être pourtant un papa cool sur ces questions. Lui-même ex-fêtard, il n'a pas vraiment de leçon à donner à son fils. Il peut en revanche lui faire part de son expérience et l'avertir des dangers possibles devant telle ou telle situation. Pierre et Alex parlent de tout très naturellement, d'alcool, de sexe, de drogues… C'est toujours assez cash entre eux. Ces discussions ouvertes sur les choses de la vie sont aussi un indicateur de leur niveau de connivence du moment. Un indicateur qui ne ment jamais. Lorsque les relations deviennent plus tendues entre eux, Alex se referme comme une porte de prison et ne raconte plus grand-chose à son père qui ne lui demande plus rien de son côté. Dès l'orage passé et le soleil revenu, Alex redevient tout heureux de lui raconter ses exploits et *parfois lui demande son avis sur tel ou tel point. La complicité repart de plus belle.*

Pierre s'est fixé deux règles d'or dans ses échanges au quotidien avec son fils. Premièrement, lui dire les choses telles qu'elles sont, y compris parfois lorsqu'elles sont crues. Deuxièmement, préférer en toutes circonstances l'éthique personnelle à la morale. Pierre a toujours détesté les propos moralisateurs dont le seul objectif in fine est d'asseoir sa vision du monde. Et de citer Ferré expliquant que « l'emmerdant avec la morale, c'est que c'est toujours celle des autres ». Lui-même a bien vécu et est souvent allé au-delà des limites acceptables de la bonne société judéo-chrétienne. L'éthique, en revanche, est une tout autre affaire pour Pierre qui la définit comme le cadre personnel que l'on se fixe à chaque instant de sa vie pour s'épanouir et s'accomplir tout en restant attentif à l'autre. Pas de postures de façade péniblement ânonnées le dimanche matin en sortant de la messe (et aussitôt contredites par les faits), mais une ligne de conduite exigeante et ambitieuse avec soi-même et honnête intellectuellement. Une philosophie de vie où il n'est pas grave de se planter et de déconner, bien au contraire, pour peu que l'on s'amuse, que l'on se respecte et que l'on apprenne de ses erreurs afin de progresser. C'est ce message que Pierre s'attache à transmettre à ses enfants : faire les choses par conviction sans trop se soucier des convenances et foncer en étant égal à soi-même et fidèle à ce en quoi l'on croit. Une éthique personnelle de l'action en quelque sorte, réajustable en permanence, à la fois humble et orgueilleuse. Exigeante aussi.

Pierre a proposé à Alex d'aller au fitness avec lui en mettant en avant un point qui a fait mouche : l'été approche, et si Alex veut cartonner avec les filles entre les boîtes et la plage, un peu de muscu ne lui fera pas de mal. Argument reçu 5 sur 5, Alex est déjà en train d'enfiler son short. Pour un quasi-mourant le matin même, Alex se trouve soudainement en rémission accélérée. De ces miracles de la nature… Pierre adore ces moments de connivence avec son fils où ils peuvent partager une activité ensemble. C'est à ces instants précis qu'il le voit grandir, s'affirmer et entrer dans le monde des adultes. Même s'il est nostalgique de la période où il racontait le soir des histoires improvisées à ses petits, hilares, Pierre est impatient de vivre une relation d'adulte à adulte avec ses enfants, une relation moins asymétrique autorisant plus de liberté, de sincérité et d'autodérision. Sur un plan plus testostéroné, Pierre n'est aussi pas mécontent de montrer à son fils, lors de ces séances de sport, que le vieux schnock n'est pas encore tout à fait à mettre à la poubelle. Sportif, Pierre a encore quelques beaux restes. Cette petite vanité de l'instant plaît bien au fond à Alex qui est content de pouvoir de nouveau compter sur un papa en pleine forme. Cela n'a pas toujours été le cas par le passé pour un Pierre ayant traversé de nombreuses épreuves en matière de santé et ayant chaque fois dû se battre pour recouvrer ses capacités physiques. Une combativité dont Pierre espère qu'elle sera inspirante pour ses petits, l'exemplarité, quand elle est incarnée et non déclamée, étant aussi un moteur en matière d'éducation. Pierre a conscience d'avoir raté pas mal de choses dans sa vie, mais d'en avoir aussi réussi quelques-unes. Il lui importe de transmettre cela à ses enfants pour les aider à ne pas refaire les mêmes erreurs et, il l'espère, aller plus loin encore. Un héritage comme un tremplin et non comme un fardeau. Pierre ne connaît que trop l'insupportable charge des valises héritées des générations précédentes, trop lourdes à porter.

Pierre a préparé son stock de musique pour le fitness. Il ne peut vivre sans musique, en particulier depuis qu'il a décidé de se passer de la télévision. Il en écoute tout le temps à la maison avec Sam et les enfants. La musique a cette incroyable force de l'amener très rapidement dans des états émotionnels d'une très grande vérité et diversité. Pierre pleure notamment souvent à l'écoute de concerts de musique classique et d'opéras. Pour lui qui a toujours des difficultés à ressentir les choses du fait de s'être trop blindé, la musique agit comme un bâton de dynamite explosant toutes les serrures émotionnelles les unes après les autres. Il ne comprend pas bien ce qui se passe dans son cerveau dans ces moments d'absolue sincérité, mais il en saisit les effets et la surpuissance sur son mental. Le rêve de Pierre serait d'habiller la vie de musique, il est convaincu qu'elle reprendrait ainsi instantanément des couleurs. Dans les écoles, les hôpitaux, les entreprises… et dans le métro ! Il a entendu l'autre jour à la radio que la musique classique dans le métro diminuait de 30 % les incivilités et le nombre d'agressions. Cela ne l'étonne pas. Ce qui le surprend davantage, c'est le fait de ne pas plus utiliser massivement la musique pour faire grandir notre société et tout simplement pour être plus heureux ensemble. Une anomalie qu'il ne s'explique pas. Un immense gâchis aussi. Contrairement à la nourriture où c'est souvent peine perdue, Alex et Manon le suivent sur la musique et en écoutent eux aussi très souvent. Manon, en particulier, adore celle des années 1980 et il n'est pas rare pour Pierre de passer devant sa chambre en l'entendant fredonner des tubes… de sa propre adolescence. Sacrée Manon qui n'a décidément pas fini de le scotcher. Alex aussi écoute en boucle pas mal de trucs avec des goûts très éclectiques, et même le petit Nathan adore se trémousser sous l'effet des notes attrapées ici ou là. Il faut dire qu'il a été inondé de musique avant même d'arriver sur terre, Sam et Pierre ayant pris l'habitude de lui faire écouter tout type de sons pendant la grossesse ! Dans cette atmosphère musicale, inutile de dire que les blind tests à la maison sont redoutables et Pierre est alors ravi, mais alors ravi, de se prendre chaque fois… une danse. Manon et Sam forment l'équipe de choc, Alex et lui ont toujours trois wagons de retard… Rieur, Pierre feint alors de capituler en déclarant qu'il aime voir les femmes de sa vie s'émanciper et prendre le pouvoir ! Le roi du nudge décidément, ce Pierre…

Dans l'éducation de ses enfants, Pierre a réussi avec la musique là où il a échoué avec la nourriture. Mais rien n'est perdu, se rassure-t-il ; d'ailleurs ils l'ont dit à la radio, le cerveau est plastique, ce qui l'a fait beaucoup rire, lui qui imaginait le sien plutôt flasque... Nos goûts, nos sentiments, nos comportements peuvent donc évoluer à tout moment de la vie ; il suffit pour cela de reconfigurer notre cerveau, selon le consultant assez marrant interviewé dans l'émission. Qu'à cela ne tienne... Pierre va s'empresser de trouver l'implant cérébral trois-étoiles Michelin pour ses enfants !

QUAND LE SPORT MUSCLE
LE CERVEAU DES ENFANTS

Si chacun sait que la pratique régulière d'un sport est bénéfique au corps et à l'organisme, on connaît moins en revanche ses fantastiques effets sur notre cerveau. Et pourtant les études en neurosciences sur le sujet sont légion ! Selon Florence Solari, chargée de recherche à l'Inserm, « non seulement l'activité physique favorise la multiplication des neurones et l'augmentation de leurs connexions, mais elle agit également au niveau des cellules de soutien présentes dans la substance blanche, les astroglies, qui nourrissent les neurones. Mieux irrigués, les petits vaisseaux augmentent également la vascularisation des neurones, leur apportant le sang et l'oxygène nécessaires pour les détoxifier[1] ».

La pratique régulière d'un sport à un rythme cardiaque modéré favorise en particulier la création de nouveaux neurones dans la zone de l'hippocampe très impliquée, comme nous l'avons vu précédemment, dans la mémoire et l'apprentissage. Lors de la pratique d'une activité physique, en effet, les muscles produisent des substances chimiques appelées « facteurs trophiques » qui par voie sanguine viendront agir sur le cerveau en incitant les cellules souches à produire de nouveaux neurones. L'activité sportive permettra en outre une plus grande oxygénation du cerveau par un meilleur afflux sanguin, un apport supplémentaire en nutriments pour les cellules et favorisera l'élimination des toxines accumulées. Résultat : les performances cognitives de vos enfants se renforceront, notamment leurs capacités d'apprentissage, d'attention,

---

1. Interview de Florence Solari au magazine *Le Point*, septembre 2013.

de concentration et de focalisation. Sans compter que la pratique régulière d'un sport améliorera aussi la qualité de leur sommeil (et donc leur capacité de mémorisation à long terme), leur gestion du stress et leur socialisation s'il s'agit d'un sport collectif. Bref, de quoi développer à plein leurs intelligences cognitive, émotionnelle, relationnelle, situationnelle, spatiale, kinesthésique. Nous entrons avec le sport dans un cercle particulièrement vertueux et absolument indispensable pour nos enfants au niveau neurobiologique.

Un entraînement physique adapté à votre enfant

Première recommandation : en dehors de l'activité physique à l'école, laissez votre enfant choisir un sport qu'il aime et ne le choisissez pas pour lui à sa place, sinon il ira à reculons, s'y ennuiera et aura toutes les chances de vouloir arrêter en fin d'année. Le modèle d'éducation du type : « Oui mais c'est pour son bien » a ses limites. Aimeriez-vous que l'on vous impose un sport pendant des années sans vous demander votre avis en vous disant que c'est pour votre bien ? Il est probable que non. Laissez-le donc choisir son activité sportive en lui donnant la possibilité de tester différents sports pour se faire sa propre idée, que ce soit des sports individuels et/ou collectifs, ce qui lui permettra de travailler ses qualités de socialisation et relationnelles.

Veillez à ce que le choix de l'activité soit adapté à son âge et à son développement physique (un enfant ne fait pas de musculation avant sa croissance, par exemple). Attention en particulier aux sports d'endurance comme la course à pied qui, par nature, sont traumatiques et usent prématurément les articulations. La natation ou le vélo sont des alternatives intéressantes selon la constitution de votre enfant.

Évitez pour votre enfant la pratique d'un sport le soir trop tard, car l'activité sportive élèvera la température de son organisme et il risquera alors de ce fait d'éprouver des difficultés à trouver le sommeil ensuite.

Pour information, votre enfant sera au top sur le plan cognitif 24 heures après une séance de sport. Bon à savoir lors des périodes d'examens, ces moments si particuliers de stress pour nos enfants où la pratique sportive n'est alors plus un luxe, mais une absolue nécessité.

LA MUSIQUE REND NOS ENFANTS PLUS INTELLIGENTS

Il existe une activité magique pour le cerveau de nos enfants (et pour le nôtre) : la musique ! Comme l'explique le neuropsychologue néerlandais Erik Scherder, « la musique n'est pas traitée à un seul endroit de l'encéphale […] tout le cerveau participe, c'est en cela que la musique est unique. C'est une des rares activités à solliciter autant de zones (cérébrales) différentes. Écouter de la musique active plusieurs réseaux de liaisons nerveuses mais en jouer soi-même le fait encore plus, parce que les parties motrices et visuelles du cerveau sont également sollicitées[1] ».

Ainsi, jouer de la musique est encore plus bénéfique pour le cerveau que le simple fait d'en écouter, et ce, précision importante, quel que soit votre niveau, pas besoin pour cela d'être un petit génie des partitions. De fait, une multitude d'études ont confirmé les incroyables bienfaits de la musique sur le cerveau et plus globalement sur

1. « La musique, comment notre cerveau s'en délecte », interview d'Erik Scherder, *Psychologie positive*, hors-série n° 11, février 2018.

l'organisme : ralentissement du rythme cardiaque, diminution de la fréquence artérielle, baisse de la sécrétion de cortisol (hormone du stress), renforcement des défenses immunitaires, etc.

Des effets avérés sur le cerveau des enfants

Les études sont légion sur l'impact positif pour les enfants de baigner dans un univers musical. Et Erik Scherder de citer cette étude américaine sur des enfants âgés de 6 à 9 ans inscrits à des cours de musique : « Globalement ils ont obtenu de meilleures performances. Leur pratique musicale avait rendu plus épais leur corps calleux (la connexion entre les deux hémisphères cérébraux). Les parties gauche et droite collaboraient donc mieux, rendant leur cerveau plus flexible[1]. » La pratique et l'écoute de la musique modifient effectivement notre neurobiologie et neuroanatomie de plusieurs façons : amélioration de la connectivité neuronale HD/HG, activation du circuit dopaminergique de la récompense et de la motivation (production de neurones à dopamine dans le tronc cérébral qui se projettent ensuite dans le cerveau, ce qui nous rend joyeux et plein d'allant), activation des aires cérébrales motrices qui vous donnera l'envie de bouger et danser, etc. Autre intérêt, les réseaux cérébraux musicaux sont étroitement liés à ceux du langage. La pratique d'un instrument et/ou l'écoute de sons mélodieux entraîneront ainsi pour nos enfants une amélioration de leur capacité d'apprentissage et de maîtrise de la lecture et d'expression orale. Enfin, Erik Scherder rappelle également que des études ont démontré que « les enfants qui suivaient des cours de piano développaient de meilleures connexions entre la partie avant et la partie arrière de leur encéphale, ce

---

1. *Ibid.*

qui peut encourager le développement de leurs facultés empathiques […] Écouter et jouer régulièrement de la musique fait donc de vous un être plus aimable, plus stable, plus positif ».

Un effet musique dans le ventre de sa maman !

Comme le rappelle Emmanuel Bigand[1], enseignant chercheur titulaire de la chaire « Musique cognition cerveau » à l'université de Bourgogne, la voix chantée de la maman joue un rôle tout particulier dans le développement neuronal du bébé, cette musicalité communicative donnant, dans cette logique de communication en construction, des éléments déterminants sur l'état émotionnel ambiant. Fait intéressant, des études ont montré que le bébé ne ressentait pas les bienfaits du chant de sa maman avec la même intensité et le même plaisir si celle-ci était occupée dans le même temps à une autre tâche. Eh oui, le bébé lui aussi n'aime pas le *multitasking*, il faut être à ce que l'on fait ! L'impact neurophysiologique de la musique est tel sur les nouveau-nés que les programmes de musicothérapie se développent dans les services de néonatologie, notamment auprès des prématurés (hôpitaux de Creil, de Dijon, etc.), la musique permettant de diminuer le stress du tout-petit, faciliter les soins, renforcer les fonctions vitales et développer le lien affectif.

La musique, pilier de l'éducation des enfants

On comprend mieux, à la lumière de ces découvertes neuroscientifiques sur l'impact positif de la musique sur le cerveau et son développement, combien celle-ci doit devenir un élément central du dispositif éducatif, et non plus seulement être considérée comme la dernière roue du carrosse. Il est essentiel que la musique accompagne

---

1. Émission « Grand bien vous fasse », France Inter, 21 mars 2018.

au quotidien la vie de nos enfants, et ce dès les premières années. La rentrée scolaire 2017-2018 en musique, décidée par le ministre de l'Éducation nationale, ne doit pas dans cet esprit être considérée comme une mesure gadget ou d'image à bon compte, mais comme une mesure de reconnaissance d'une discipline, la musique, de toute première importance pour nos enfants et *de facto* pour notre société dans son ensemble.

Zoom sur le programme Démos[1]

Initiative née en 2010 offrant à des jeunes des quartiers populaires et des campagnes la possibilité de s'initier à la musique classique par la pratique instrumentale en orchestre, le dispositif Démos a, depuis sa création, formé près de 3 000 enfants partout en France.

Outre le fait d'agir comme un facteur de renforcement de la cohésion sociale entre les élèves (développement de la coopération, de l'empathie, de la solidarité et de l'esprit d'équipe), ce programme permet d'améliorer les fonctions exécutives des enfants (mémoire, attention, apprentissage), en mettant notamment l'accent et en valorisant ceux se trouvant en situation d'échec scolaire.

Autre intérêt du programme, le fait d'apprendre aux enfants à reconnaître, ressentir et exprimer leurs propres émotions et sensibilité, un « coming-out émotionnel » ensuite accompagné par les éducateurs afin de permettre à l'enfant de progresser dans sa connaissance de soi. Chiffre étonnant et franchement enthousiasmant, il faut savoir que 50 % des enfants qui ont suivi le programme Démos s'inscrivent ensuite au Conservatoire. Magnifique !

---

1. Démos : Dispositif d'éducation musicale et orchestrale à vocation sociale – https://demos.philharmoniedeparis.fr – www.projet-demos.fr

25 NEURO-TIPS POUR BOOSTER LE CERVEAU DE VOTRE ENFANT

1. Assurez-vous qu'il dort environ huit heures par nuit.
2. Faites-lui des câlins à volonté.
3. Favorisez le plus possible les interactions avec les autres.
4. Faites-lui écrire à la main chaque soir sur un carnet ses « trois kifs du jour ».
5. Apportez un soin tout particulier à son alimentation.
6. Cuisinez avec lui.
7. Éteignez tous les écrans durant les repas.
8. Faites-lui pratiquer environ trois heures de sport par semaine en deux ou trois séances.
9. Faites-lui apprendre ses leçons par séquences courtes et régulières avec une dernière révision le soir juste avant de se coucher.
10. Encouragez-le à l'école en valorisant en priorité ses efforts et son travail.
11. Valorisez ses échecs comme étant des étapes nécessaires à sa réussite future.
12. Apprenez-lui en permanence de nouvelles choses manuelles et intellectuelles.
13. Faites-lui écouter des langues étrangères dès sa naissance.
14. Jouez avec lui (jeux de société, de stratégie, de construction, etc.).
15. Apprenez-lui à poser un regard positif sur la vie et voir les choses du bon côté.
16. Riez ensemble sans modération.

17. Pratiquez l'autocompassion sincère.

18. Pratiquez l'autodérision bienveillante.

19. Faites quotidiennement avec lui des exercices de contrôle respiratoire (cohérence cardiaque).

20. Écoutez tous les jours de la musique à la maison.

21. Proposez-lui des cours de musique, de chant et/ou de théâtre.

22. Allez régulièrement vous promener ensemble dans la nature.

23. Jouez sur l'olfactif et l'aromachologie pour stimuler son odorat.

24. Emmenez-le au cinéma, aux musées, aux expos, aux spectacles…

25. Aimez-le inconditionnellement de toutes vos forces ! (même si parfois il vous énerve !)

Vous avez fini vos devoirs, les enfants ?

Accroître les capacités d'apprentissage de votre enfant

Personnellement je suis toujours
prêt à apprendre,
bien que je n'aime pas
toujours qu'on me donne des leçons.

Winston Churchill

L a surveillance des devoirs des enfants n'est pas le point fort de Pierre. Ça l'ennuie prodigieusement pour être honnête. Enfant, il a dû se débrouiller seul et il considère ainsi par atavisme familial qu'Alex et Manon sont assez grands pour s'autogérer en sachant ce qu'ils ont à faire. La tâche est d'autant plus simple que ce mode de fonctionnement convient parfaitement à Manon qui n'attend de personne qu'on lui dise ce qu'elle doit faire. L'autogestion est un principe parfaitement assimilé chez elle en dépit de son jeune âge. Alex, lui, est plus hésitant par rapport aux apprentissages. Il flotte depuis quelques années. La terminale S avec des coefficients élevés en maths et en physique n'est vraiment pas sa tasse de thé. Il déteste ces matières et donc, assez logiquement, il rame. Pierre s'en veut rétrospectivement de ne pas avoir orienté son fils en ES. Comme Alex n'avait pas une idée très précise de ce qu'il voulait faire après le bac, Pierre s'était dit que la filière S le mènerait à tout, c'était l'option sans risques et la moins engageante en attendant que les idées se précisent du côté d'Alex. Sauf qu'il avait grandement sous-estimé l'aversion d'Alex pour les maths et la physique. Et ce foutu bac, qui n'aurait dû être qu'une formalité, s'est vite transformé en calvaire pour tout le monde.

Alex a toutes les peines du monde à focaliser son attention sur son travail. Il est sur son bureau, diverti en permanence par ses SMS, son Snapchat, son Facebook… Il ne peut conserver son attention sur ses copies plus de deux minutes d'affilée, et comme cela de surcroît ne l'intéresse pas, ces deux minutes ne sont même pas utilisées à bon escient. En le voyant travailler, Pierre a le sentiment qu'Alex pourrait rester ainsi des heures et des heures à sa table sans que la moindre information ne s'imprime durablement dans son cerveau. Il est là sans être là et se perd dans ce flot continu de stimuli qui le harcèlent du matin au soir. Il a perdu le contrôle. Il va être urgent de trouver une pédagogie plus active et adaptée, sinon c'est la cata assurée pour le bac.

Lorsqu'il est confronté à une situation délicate et complexe, Pierre a l'habitude comme il dit de « découper le gâteau en morceaux » : chaque chose en son temps, on s'attaque au problème le plus important en premier lieu sans vouloir tout régler à la fois. Cette stratégie lui a toujours pas trop mal réussi, notamment lorsqu'il a eu à gérer conjointement ses problématiques de divorce avec Florence, de maladie et de boulot. L'intérêt principal de cette méthode séquentielle est de ne pas se laisser submerger par l'immensité de la tâche, en focalisant son énergie sur un point précis. De surcroît, il sait par expérience que les solutions amènent naturellement les solutions dans la vie, autrement dit que le premier problème réglé aura toutes les chances, par « effet domino », de contribuer à régler les autres. La gestion de la dynamique est très importante chez Pierre. Quand elle est négative, il faut le plus rapidement possible couvrir les voies d'eau pour se remettre à flot, avant d'imaginer un nouveau départ. Quand elle est positive, il faut être attentif à ne pas tomber dans la facilité et rester concentré pour ne pas s'écarter de la bonne trace et continuer ainsi à bénéficier des vents porteurs. L'essentiel étant de savoir anticiper tout changement de vent pour avoir en permanence un coup d'avance.

Les dynamiques sont un peu opposées actuellement chez Alex et Manon, ce qui ne veut surtout pas dire qu'elles sont condamnées à le rester. Le pire risque, se dit Pierre, serait d'enfermer l'un et l'autre dans leur posture d'échec et de *réussite. La vie est versatile, Pierre a suffisamment payé pour le savoir. Rien n'est immuable, rien n'est figé, tout est fragile aussi, jamais rien ne peut être considéré comme acquis. Il fait ainsi très attention avec ses enfants à ne pas tomber dans le piège qui consisterait à enfermer l'un et l'autre dans le rôle du mauvais et du bon élève. Alex, en dépit de ses difficultés actuelles, a d'immenses qualités que Manon n'a pas, notamment sur le plan relationnel. Son potentiel est intact. Il le mettra en valeur dès qu'il aura trouvé son truc et la raison de se lever le matin. Manon est certes brillante, mais sa singularité et son histoire se rappelleront forcément à elle à un moment donné. Il lui faudra alors trouver sa voie propre qui sortira des sentiers battus, et qui de fait ne sera pas si simple. S'il suffisait d'être brillant intellectuellement parlant pour mener une vie accomplie et heureuse, cela se saurait. Cette impermanence des choses est un message que Pierre s'efforce de régulièrement faire passer à Alex et Manon pour les préparer au mieux à embrasser la vie. Sans toutefois négliger le fait que ses enfants, pour se construire, ont aussi besoin de stabilité et de certitudes. Sans quoi, c'est le mal de mer assuré.*

Nathan, lui, est un tout-petit semble-t-il « très éveillé pour son âge », selon la directrice de la crèche, ce qui n'est pas sans faire sourire Pierre et Sam, tant la formule semble légèrement toute faite, d'usage et pour tout dire un tantinet survendu. La France n'a jamais autant connu d'enfants éveillés qu'aujourd'hui, se dit Pierre, ça promet pour la suite, le monde peut trembler ! Sam est particulièrement attentive à respecter les rythmes personnels de Nathan, que ce soit ses rythmes d'apprentissage, de repos, d'alimentation, etc. La frénésie actuelle autour des tout-petits qu'il faudrait sursolliciter en permanence pour en faire des petits génies ne les concerne vraiment pas. Ils n'ont pas fait un enfant pour se projeter maladivement en lui ou pour vivre par procuration, mais tout simplement parce qu'ils s'aiment et qu'avoir ce petit bonhomme représentait la façon, à leurs yeux, la plus aboutie de continuer à vivre et à partager leur amour. Nathan est une véritable éponge, ses sens sont en émoi permanent, sa vitesse d'apprentissage est étonnante. L'acquisition de sa langue maternelle se fait naturellement sans effort particulier, il faut dire qu'il est bien sollicité avec Alex et Manon qui n'arrêtent pas de le taquiner et de jouer avec lui. Comme leur a dit le pédiatre rigolard lors de la dernière consultation de Nathan : « Essayez aujourd'hui, comme adultes, d'apprendre une langue sans aide particulière et revenez me voir dans dix mois, on mesurera les écarts avec votre fils ! » Et c'est vrai que de ce point de vue, les facilités d'apprentissage de ces tout-petits sont impressionnantes et très largement supérieures à celles des adultes… Une question de plasticité cérébrale et de synapses, selon le pédiatre. Pierre et Sam ne sont pas sûrs d'avoir tout compris, mais s'en foutent un peu au fond… Tout va très bien et c'est la seule chose qui compte.

Sam se rend compte à quel point l'humeur de Nathan est tributaire et directement en lien avec l'atmosphère familiale et le niveau de stress ambiant. En bonne journaliste, elle s'est renseignée et a découvert que cette communication inconsciente des émotions était directement liée à l'activation de certains neurones appelés « neurones miroirs ». En clair, le petit absorbe tout autour de lui, y compris les états émotionnels des uns et des autres, à la manière d'un virus qui se propagerait. Il importe donc pour Pierre et Sam de veiller à ce que le cocon familial soit zen et reposant en toutes circonstances. Ils s'y emploient, jour après jour, semaine après semaine, mois après mois… une attention et une discipline de tous les instants. Rien n'est simple bien entendu, mais Pierre, Sam, Alex, Manon et Nathan construisent pas à pas leur improbable bonheur en suivant le fil de leurs idées et de leurs rêves…

Patiemment. Amoureusement. Passionnément.

LES AMIS ET ENNEMIS
DU CERVEAU POUR APPRENDRE

Notre cerveau a une relation à l'apprentissage assez particulière et somme toute très paradoxale. D'un côté, il n'aime rien tant que se réfugier derrière la connaissance acquise, de sorte de pouvoir passer en mode automatique pour économiser ses ressources en énergie. De l'autre, il ne peut se développer qu'à la condition d'apprendre en permanence de nouvelles choses, ce qui stimule sa plasticité et contribue à créer de nouvaux réseaux neuronaux et connexions synaptiques.

La plasticité cérébrale est à son apogée durant les premières années de vie du tout-petit : plusieurs millions de synapses se font et défont à chaque seconde. Contrairement à l'idée reçue longtemps propagée, les tout-petits ne sont pas de vulgaires pages blanches ou de simples éponges capables de tout ingurgiter à vitesse grand V, mais sont au contraire, comme l'explique parfaitement bien le chercheur en neurosciences Stanislas Dehaene, « des super-calculateurs, des statisticiens de génie, des scientifiques en herbe qui passent leur temps à faire des expériences[1] ». Cette nouvelle compréhension du cerveau du tout-petit, corroborée par de nombreuses études, est fondamentale notamment dans le cadre du débat si complexe entre l'inné et l'acquis. Comme le souligne le neuroscientifique, « le cerveau du tout-petit dispose d'un vaste espace de théories ou d'hypothèses possibles – c'est la part de l'inné. Très vite, il va les confronter au monde extérieur de façon à éliminer celles qui ne fonctionnent

---

1. Entretien au magazine *L'Express* le 4 septembre 2018 à l'occasion de la sortie de *Apprendre ! Les talents du cerveau, le défi des machines*, Odile Jacob, 2018.

pas et à conserver les plus adéquates – c'est la part de l'acquis[1] ». Ne grondez ainsi plus votre enfant quand il jette tous ses objets par terre, il explore les lois de la gravité ! Cette extraordinaire plasticité cérébrale s'érodera hélas ensuite au fil des années, ce qui rendra les apprentissages plus difficiles et moins naturels. Cela explique, par exemple, pourquoi il nous est si difficile d'apprendre une nouvelle langue étrangère à l'âge adulte, voire à l'adolescence.

Tout l'enjeu pour la vitalité cérébrale de nos enfants est ainsi de trouver le bon équilibre, le bon mix entre, d'une part, la consolidation des connaissances acquises et, d'autre part, l'acquisition de nouvelles. Or, pour mettre nos petites têtes blondes en position d'apprendre efficacement, il faut un certain nombre de conditions favorables pour leur cerveau qui ne peut pas apprendre n'importe où, n'importe quand et n'importe comment. Pour des raisons de simplicité et de clarté, nous allons ci-dessous aborder quelques conditions nécessaires (et non nécessairement suffisantes) permettant de placer le cerveau de nos enfants apprenants dans d'excellentes dispositions.

LES 5 FONDAMENTAUX DE L'APPRENTISSAGE

L'apprentissage par l'action : apprendre en faisant, faire en apprenant

Disons-le d'emblée, le cerveau de nos enfants n'est naturellement pas constitué pour se farcir des tonnes de données théoriques pendant des heures avant de pouvoir

---

1. *Ibid.*

passer à la pratique (quand bien même, sur cette question, nos enfants ne sont évidemment pas tous égaux). En clair, un cerveau passif n'apprend pas. La capacité attentionnelle s'effrite rapidement, et ce d'autant plus que leur environnement immédiat les bombarde de distractions permanentes (SMS, notifications, applis, etc.) qu'ils jugent, à tort ou à raison, bien plus sexy. Le risque de décrocher est alors important, surtout si l'enseignant n'use pas d'éléments saillants dans son exposé (la saillance neuronale est l'ensemble des techniques de communication permettant de susciter l'attention de l'autre, par exemple en utilisant la surprise, l'humour, les changements de tonalité, etc.). Se plonger dans l'action, au contraire, a pour effet de mobiliser immédiatement des réseaux de neurones existants et de contribuer à créer de nouvelles connexions, ce qui est beaucoup plus difficile que lorsque l'on est passif avachi sur sa chaise. Le « *test & learn* » sur le plan cérébral est ainsi la façon la plus efficace et rapide d'apprendre, à condition que l'enfant se mette dans une posture d'apprenant curieux de tout. Il ne redoutera alors pas l'échec, mais au contraire s'en nourrira pour progresser et repousser ses limites. Ce qui pose, tout particulièrement en France, la question du « retour sur erreur » de l'enseignant ou du parent par rapport à l'enfant qui doit être rapide, précis, positif, soutenant et surtout perçu comme une étape indispensable à son bon développement. Comme le rappelle très justement Stanislas Dehaene, « il est pratiquement impossible de progresser si l'on ne commence pas par échouer[1] ! » (ce qui est au passage tout aussi vrai pour les adultes bien entendu). Dans le cas où le retour de l'adulte est seulement vécu comme un message sanction, il aboutira, si le résultat n'est pas au rendez-vous, à stresser l'enfant et à

---

1. Stanislas Dehaene, *Apprendre ! Les talents du cerveau, le défi des machines*, Odile Jacob, 2018.

lui générer de l'anxiété avec pour conséquence un effondrement de ses capacités d'apprentissage et de sa curiosité naturelle.

Le jeu (gamification)

L'introduction du jeu dans l'apprentissage est essentielle pour une raison neurobiologique assez simple : lorsque vous jouez, vous inondez la région de l'hippocampe (zone de l'apprentissage) de dopamine, ce qui la rend plus alerte et désireuse de prolonger l'expérience. Ce « préchauffage dopaminergique » va mettre alors votre hippocampe dans les meilleures dispositions pour faire ce qu'elle sait faire de mieux : apprendre et mémoriser.

La bienveillance

La bienveillance est elle aussi une condition *sine qua non* de réussite des apprentissages. Dans un environnement stressant et contraignant, le circuit cérébral de la menace des élèves s'activera au détriment de celui de la récompense et de la motivation. Résultat : toute l'énergie cérébrale disponible sera allouée à combattre ces menaces identifiées, ce qui aboutira, de la part des enfants, à des comportements d'agressivité, de fuite ou d'inhibition. Dans ces conditions, il ne restera tout bonnement plus de temps et d'énergie de cerveau disponible à vos enfants pour apprendre !

La répétition

Séquencer ses nouvelles phases d'apprentissage est une stratégie bien plus efficace qu'apprendre en un seul bloc. Comme le souligne Stanislas Dehaene, « la distribution de l'apprentissage sur plusieurs jours a des effets massifs : l'expérience montre que l'on peut multiplier sa mémoire d'un facteur 3 lorsque l'on révise à intervalles réguliers plutôt que de tenter d'apprendre en une seule fois[1] ». Cet espacement des apprentissages augmente en effet l'activité cérébrale qui ne peut plus simplement se limiter à un simple stockage en mémoire de travail de court terme, mais doit aussi solliciter des circuits de mémoire à long terme. Les travaux du psychologue américain Hal Pashler ont déterminé que si vos enfants souhaitent se souvenir d'une information pendant plusieurs jours/semaines, il faut alors réviser chaque jour, de préférence le soir avant le coucher, pour profiter à plein du processus de consolidation se déroulant lors du sommeil (en particulier lors de la phase de sommeil profond). S'ils souhaitent conserver l'information sur un plus long terme (plusieurs mois), alors il faudra mettre en place une stratégie d'espacement progressif : un apprentissage quotidien au tout départ, suivi ensuite de piqûres de rappel de plus en plus espacées dans le temps.

La consolidation

La consolidation est le processus cérébral consistant à passer d'un traitement de l'information lent, conscient, analytique et quelque peu laborieux à un traitement rapide, inconscient, automatique et routinier. Ce faisant, votre enfant libérera de l'énergie et de l'espace disponible au niveau de son cortex préfrontal en subconscientisant le nouvel apprentissage (littéralement « envoyé sous la conscience ») dans une zone cérébrale sous-corticale appelée les « noyaux gris centraux ». Un exemple parlant : votre ado prend sa première leçon de conduite et ressort au bout d'une heure mentalement exténué. Pas d'étonnement à cela, son cortex préfrontal aura été constamment suractivé pendant cette heure et se sera logiquement épuisé, ses ressources n'étant pas

---

1. *Ibid.*

illimitées. Un an plus tard, après avoir roulé des milliers d'heures, votre post-ado n'aura alors plus du tout le même niveau de fatigue mentale ressenti puisque l'apprentissage de la conduite aura été entre-temps largement automatisé et ne « pompera » plus d'énergie à son cerveau conscient. Ce basculement conscient-subconscient est primordial car il permettra à votre enfant de retrouver de l'énergie disponible consciente pour se concentrer sur de nouveaux apprentissages (fonctions exécutives du cerveau).

Les freins à l'apprentissage

Le mode multitâche (multitasking)

Les circuits cérébraux de réseaux de neurones se concurrencent entre eux, on ne peut donc faire en réalité qu'une activité à la fois et on passe de l'une à l'autre de façon séquentielle et successive. Vouloir, ou prétendre, faire plusieurs choses à la fois relève sur le plan cérébral d'une douce illusion. En revanche, ce qui est certain, c'est que le fait de passer sans cesse d'une activité cognitive à une autre mènera inéluctablement votre enfant à une surcharge accélérée de son cortex préfrontal et par voie de conséquence à une fatigue mentale rapide et à une altération de ses performances. Seule exception notable à cette règle de base de la focalisation de l'attention, lorsque l'une des deux activités est suffisamment automatisée par le cerveau (en l'occurrence subconscientisée) et ne nécessite pas alors d'effort cognitif particulier (par exemple travailler avec un fond musical entendu 1 000 fois). Dans ce cas, et uniquement dans ce cas, la seconde activité subconscientisée peut même augmenter les performances cognitives de votre enfant en suscitant notamment une plus grande créativité.

L'infobésité

Le cerveau de nos enfants (et le nôtre) est perfusé du matin au soir et du soir au matin d'informations, de données, de notifications, de *pushs*, toutes soi-disant plus importantes et urgentes à traiter les unes que les autres. Ce tourbillon permanent affecte grandement nos capacités attentionnelles et abîme notre cerveau qui n'arrive plus à hiérarchiser, à prioriser et, le cas échéant, à dire non. Ce cerveau qui sait (ou croit savoir…), mais qui ne comprend plus, ce cerveau qui zappe en permanence et n'arrive plus à se concentrer sur l'essentiel, ce cerveau qui se perd dans les détails et n'arrive plus à garder une vision globale, ce cerveau dysfonctionne et court à sa perte. Non, le cerveau des enfants n'est pas une valise que l'on bourre à craquer ou, pour reprendre l'expression de Maria Montessori, un vase que l'on remplit à ras bord. Un excellent moyen pour sortir de cette logique infernale et retrouver une culture du discernement est la méditation/respirations, y compris pour les enfants dès leur plus jeune âge. Méditer n'est ni un luxe ni une excentricité de stars hollywoodiennes subitement converties au bouddhisme, mais une activité nécessaire et formidablement utile au cerveau des petits… comme à celui des plus grands !

LE PROGRAMME ATOLE : ATTENTIF À L'ÉCOLE

L'attention est à la base de tout apprentissage : sans attention, pas de mémorisation, sans mémorisation pas d'apprentissage. L'enjeu de tout enseignant est donc de pouvoir capter durablement l'attention des enfants dont il a la charge, un sacré défi lorsque l'on a été aussi peu formé à cela. Quant aux élèves eux-mêmes, ils n'ont pour la plupart aucune idée de la façon la plus efficace de tirer le meilleur parti de leur capacité attentionnelle, et pour cause. Qui dans le système éducatif classique leur a un jour expliqué les mécanismes cérébraux sous-jacents à l'apprentissage ? Qui leur a expliqué comment stimuler leur attention ? Personne. On ne donne hélas pas de « cours de cerveau » en France, contrairement à d'autres pays comme en Scandinavie ou au Canada, considérant peut-être qu'il est préférable de vivre dans l'ignorance et pire, d'être ignorant de votre ignorance.

Le projet ATOLE (ATtentif à l'écOLE), développé par Jean-Philippe Lachaux[1] et ses équipes du Centre de recherche en neurosciences de Lyon et financé par l'Agence nationale de recherche (avec pour partenaires l'Institut de l'Oratoire, l'Externat Notre-Dame et différentes circonscriptions Éducation nationale du Rhône et de la Loire), a justement pour ambition de développer les capacités attentionnelles de l'enfant et de l'adolescent en milieu scolaire, en se fondant sur les dernières avancées des neurosciences cognitives. Sa particularité est de s'intéresser à tous les enfants sans exception de 6 à 18 ans, et non pas seulement à ceux souffrant de troubles déficitaires de l'attention. Il pose comme postulat que tous les élèves peuvent évoluer vers une meilleure maîtrise de leur attention, avec des bénéfices durables jusqu'à l'âge adulte et leur vie professionnelle. Nous sommes bien ici dans la lignée de l'approche *« growth mindset »* de Carol Dweck évoquée précédemment dans ce livre, avec une logique de développement personnel continu, quelles que soient ses capacités intellectuelles initiales.

---

1. Jean-Philippe Lachaux, *Les Petites Bulles de l'attention*, Odile Jacob, 2016.

Des ateliers pratiques sur mesure

Comme expliqué sur le site de l'Agence nationale de la recherche (ANR), ce programme pratique se présente sous la forme d'ateliers adaptés à chaque niveau scolaire et conçus au sein d'un partenariat entre chercheurs et enseignants. Il comprend trois axes principaux :

» sensibiliser les élèves sur le fait de « faire attention à l'attention » en leur expliquant les mécanismes biologiques de l'attention pour mieux faire comprendre ses effets et ses limites. Par cette porte d'entrée pédagogique, l'idée est de motiver l'élève à s'intéresser à sa propre capacité attentionnelle, à en prendre soin et *in fine* à la développer ;

» apprendre aux élèves à démêler la pelote de laine ou, comme l'explique l'ANR, à « déceler les situations de conflits attentionnels qui le forcent à sélectionner en même temps des processus cognitifs incompatibles sur le plan neuronal, puis à dissocier ces processus dans le temps pour les mener de manière séquentielle, hiérarchisée et organisée et non plus parallèle[1] ». Autrement dit apprendre à hiérarchiser et à prioriser pour utiliser à plein son attention ;

» développer le sens de l'équilibre attentionnel des élèves en leur apprenant à percevoir et à compenser de plus en plus tôt les premiers signes de distraction de leur attention, « grâce à un meilleur ressenti des automatismes cérébraux de conversion perception-action qui transforment toute distraction en une mise en action du corps[2] ».

L'efficacité de ces ateliers, souligne l'ANR, est « évaluée de manière qualitative et quantitative, grâce notamment à une mesure normée et informatisée de la capacité de

---

1. www.agence-nationale-recherche.fr/Projet-ANR-13-APPR-0011
2. *Ibid.*

concentration des élèves réalisée actuellement dans le cadre d'un projet ANR de neurosciences[1] ».

L'objectif désormais est d'essaimer et de pousser un maximum d'établissements scolaires à emboîter le pas. Il s'agit, conclut l'ANR, d'« un projet ambitieux, visant à placer au centre de la vie scolaire la question de l'attention et de sa maîtrise, non seulement pour améliorer de manière générale la qualité de l'apprentissage, mais également en préparation de la future vie d'adulte[2] ». Ce programme de plusieurs années entre dans sa phase de mise en œuvre dans le monde de l'éducation, par les enseignants ou formateurs, mais aussi en accompagnement périscolaire, coaching sportif, etc.

Souhaitons-lui de tout cœur longue vie et surtout de faire… école(s) !

---

1. *Ibid.*
2. *Ibid.*

À TABLE !

AIDER VOTRE ENFANT
À S'ÉPANOUIR
ET À ÊTRE HEUREUX

*« Préfères-tu avoir raison
ou être heureux ?
Tu ne peux pas avoir les deux ! »*

Marshall Rosenberg
Fondateur de la Communication non violente

La journée de Pierre et de sa petite troupe a été longue et disons… inégale. *Après la mauvaise nuit des uns et des autres, chacun s'en est allé à ses occupations multiples et variées… enfin plus ou moins multiples et variées serait, à voir l'activité démesurée d'Alex devant son écran, une expression plus adéquate. Certainement que celui-ci se réserve pour donner le meilleur de lui-même pour sa soirée à venir. Pierre et Sam ont, comme d'habitude, surfé entre leur boulot, les enfants et la maison, Alex a « géré » selon la formule consacrée, Manon est partie dans son petit monde intérieur et Nathan, lui, a découvert mille et une choses toutes plus invraisemblables et rigolotes les unes que les autres pour son petit cerveau en pleine ébullition.*

Le dîner du soir est toujours l'occasion de se retrouver en famille et de se raconter les faits marquants du jour. Chacun y tient son rôle comme dans une pièce de théâtre. Le tendre, la sublime, le p'tit malin, la zèbre et le tout petit dernier à croquer vers lequel tous les regards finissent toujours par se poser amoureusement. C'est toujours un moment privilégié, enfin presque toujours… à l'exception des moments de trop grande tension ou de fatigue accumulée. Dans ces cas-là, chacun commence à balbutier son texte en mordant sur le terrain de l'autre sans vraiment l'écouter. Submergés par leurs émotions, les acteurs commencent alors à jouer faux en prononçant des phrases ou des mots qui n'ont pas lieu d'être et qui affaiblissent la justesse de la pièce. Lorsque cela arrive, chacun ressort de la scène énervé, frustré et au fond de lui-même infiniment seul et triste. Pierre, qui a tant souffert enfant de rapports familiaux d'une extrême violence morale, s'en veut alors de ne pas savoir mieux gérer ces moments compliqués. C'est pourtant à lui de le faire, c'est lui le trait d'union entre les cinq, l'adulte le plus âgé et celui qui a le plus d'expérience des choses de la vie. Comment peut-il se laisser ainsi déborder par ses émotions, par ses peurs, par ses croyances limitantes, par ses certitudes ? Il se dit souvent qu'il parle trop, qu'il n'écoute pas assez, qu'il ne prête pas une attention suffisamment éclairée et bienveillante à chacun des quatre autour de la table… qu'il aime pourtant par-dessus tout et qui sont sa véritable raison de vivre. Il se promet alors de travailler sur lui pour devenir un meilleur papa, un meilleur conjoint, un meilleur homme tout simplement. La vie ne lui a pas fait de cadeaux, et ce dès les premières années. Il a dû se battre en permanence. Ce mode « combat » a laissé des traces, notamment dans ses relations aux autres. Il a été habitué à jouer un rôle dominant pour ne jamais se livrer et laisser apparaître ses propres failles. Il a dû s'endurcir pour ne pas sombrer. En ce sens, il comprend aujourd'hui si bien sa petite Manon qui, elle aussi, a déjà dû expérimenter la mort et la solitude. Cette souffrance intime et indicible les lie à jamais. Pierre aurait pu finir seul, cynique et éreinté de tout. Sa fin aurait certainement été prématurée. Mais ses enfants dans un premier temps et Sam ensuite se sont invités à sa table pour l'inciter à aller rechercher au fond de lui-même tout cet amour qui n'attendait que d'être délivré. Pierre a fini par faire sa mue en abandonnant les unes après les autres toutes ses carapaces qui le contraignaient tant et l'empêchaient d'être lui-même. Il se sait sur le bon chemin, mais il a conscience dans le même temps que le travail est loin d'être terminé et que tout dépendra désormais de sa capacité à diffuser de l'attention et de l'amour inconditionnel auprès de ceux qu'il aime si profondément : Alex, Manon et Nathan bien entendu, mais aussi, et ce qui est bien plus inédit pour lui, Sam, qui lui a démontré que l'amour absolu n'était pas seulement affaire de filiation.

Pierre avait mille raisons de grommeler et de s'énerver ce soir, notamment après Alex, Manon et Nathan qui ne mangent pas comme il faut, qui n'en font qu'à leur tête ou qui se montrent, à son goût, trop égoïstes. Ce dîner ne prenait pas franchement une tournure favorable, loin s'en faut… Mille raisons effectivement, dont certaines au fond assez légitimes en apparence. Il n'en retiendra pourtant aucune. Aucune, à la réflexion, n'est valable, aucune n'est recevable. Sauf à vouloir que chacun finisse dans sa chambre seul et malheureux. Après s'être interrogé tout l'après-midi sur la conduite à tenir la plus appropriée, Pierre a conclu que la meilleure façon d'aider Alex pendant son adolescence compliquée était de lui montrer plus encore son amour et sa confiance. Pierre a conclu que la meilleure façon de renforcer sa relation à sa petite Manon était de l'écouter et surtout de la respecter dans toute sa singularité. Pierre a conclu que la meilleure façon d'aimer Nathan était de l'ouvrir tendrement au monde en se montrant d'humeur patiente et égale… et Pierre a conclu enfin que la meilleure façon de prouver son amour à Sam est de tout faire pour la rendre, jour après jour, encore plus belle, encore plus épanouie et, pourquoi pas, encore plus amoureuse. Pierre n'a décidément pas perdu son après-midi, le dîner n'en sera que meilleur !

LES REPAS AVEC LES ENFANTS : COMMENT ÉVITER LE PSYCHODRAME

S'il y a un moment particulièrement sensible à gérer lorsque les tensions familiales s'accumulent, c'est bien celui du repas ! Comme si toutes les frustrations accumulées, les désaccords, les incompréhensions attendaient sagement d'être à table pour donner de la voix. Entre les parents qui ordonnent à leurs enfants de manger ce qu'ils ont décidé pour eux, et les enfants qui ont d'autres envies, il n'est pas tous les jours facile de trouver un terrain de compromis acceptable. Avec le risque de tomber dans une guerre des tranchées parents/enfants qui inéluctablement va rejaillir entre les deux parents eux-mêmes et générer de la fatigue mentale et de l'exaspération… avant de nourrir plus tard de la culpabilité. Cela vous rappelle quelque chose ? Et toujours cette question minante au final : comment en sommes-nous arrivés là ?

Le monde actuel génère une surcharge mentale démentielle : pression au boulot, horaires de travail, obligations familiales, il faut être partout à la fois, assurer encore et toujours, être en permanence au top… car c'est bien connu, il n'y a aucune raison de ne pas l'être puisque nous sommes tous des surhommes vivant dans la happycratie ! Dans cet environnement de dingues, le moment du repas du soir est une phase clé de la vie familiale autour duquel se jouent beaucoup de choses pour les parents qui ne voient réellement leurs enfants qu'à ce moment bien tardif de la journée après la course du matin et une journée harassante de travail. Il s'agit alors, en une heure de temps, de rattraper une journée ! Pas facile… Les attentes, les besoins, les espoirs sont légion : il s'agit d'être la meilleure mère ou le meilleur père possible, de s'assurer que ses enfants vont bien, qu'ils grandissent et se développent comme il faut… ce qui commence symboliquement par finir son assiette ! Cette pression que les parents se mettent en permanence, et qui n'est que la traduction de leur peur de l'échec pour leurs enfants et de leur culpabilité latente, se transmet le soir autour de la table tel un virus surpuissant… Merci les neurones miroirs ! Les contaminations émotionnelles au niveau cérébral marchent effectivement dans les deux sens, le positif amène le positif et le négatif amène le négatif sur un plan neuronal.

C'est ainsi que les parents se retrouvent invariablement dans un insupportable état de dissonance émotionnelle né du fait de voir d'un côté leurs enfants ne pas s'alimenter comme il faut (selon leurs propres critères, bien sûr) et de l'autre de les voir finir en crise de larmes à la suite des reproches accumulés. Le dîner, qui devait être un moment joyeux de partage et d'échanges où chacun a plaisir à se retrouver, se transforme en psychodrame collectif où les portes ne vont pas tarder à claquer. Le seul moyen de régler cette dissonance pour les parents est alors de trouver une justification à ce désastre et elle sera bien entendu vite trouvée avec le très célèbre slogan intergénérationnel : « C'est pour son bien ! »

Voilà une phrase souvent prononcée et entendue qui fait bien des ravages de génération en génération. S'arroger le droit de décider pour un autre, quand bien même il s'agit de son enfant, de ce qui est bien ou non pour lui est déjà discutable en soi. Mais le faire de surcroît quand on est au fond aussi peu qualifié relève cette fois de l'abus de pouvoir caractérisé. Combien de parents en effet connaissent les étapes clés du développement cérébral de leurs enfants ? Combien ont conscience de la très grande fragilité, malléabilité et vulnérabilité du cerveau de leurs tout-petits ? Combien réalisent les conséquences anatomiques et neurobiologiques délétères sur le cerveau de leurs enfants d'une éducation fondée sur la peur et la contrainte ? Combien savent que la mémoire émotionnelle inconsciente de leur tout-petit, dictée par l'amygdale qui est le centre de la peur, gardera une trace cérébrale de toutes les situations conflictuelles et traumatisantes vécues entre 0 et 3 ans ? (Mémoire inconsciente relayée à partir de 3 ans par la mémoire émotionnelle consciente activée au niveau de l'hippocampe, ce qui explique pourquoi nos premiers souvenirs conscients nous reviennent à partir de 3 ans environ, ce qui ne signifie pas que nous ne gardons pas de trace mémorielle implicite des événements vécus entre 0 et 3 ans.)

Comprenons-nous bien : il ne s'agit pas ici de juger, faire la morale ou culpabiliser les parents qui, dans l'énorme majorité des cas, font ce qu'ils peuvent avec les moyens du bord. Il s'agit en revanche de se poser les bonnes questions, de prendre conscience de son comportement et de ses limites et, *surtout*, d'utiliser la connaissance disponible pour le plus grand bonheur de chacun au sein de la famille. La gestion souvent difficile des repas avec les enfants met l'accent sur une réalité regrettable actuelle : le niveau de connaissance en France du fonctionnement cérébral des enfants et des adultes est très notoirement insuffisant et a pour conséquence des erreurs grossières en matière d'éducation. Il est de la responsabilité politique et individuelle d'y remédier. Dit autrement, nous avons un urgent besoin en France de « cours de cerveau ».

10 CONSEILS SIMPLES POUR RÉENCHANTER LES DÎNERS !

Il n'y a aucune raison de laisser s'installer une situation conflictuelle autour des repas. Encore une fois, évacuons d'emblée la culpabilité et/ou le jugement de valeur. Vous avez essayé une forme d'organisation, vous avez fait ce que vous avez pu en croyant bien faire, avec les connaissances, certitudes et croyances limitantes qui sont les vôtres et le poids de l'éducation que vous avez vous-même reçue enfant… tout cela est somme toute très logique. Mais à l'évidence, si les tensions s'accumulent, c'est qu'il faut changer d'approche. Et ce, sereinement, naturellement, sans remise en cause existentielle. On se trompe, on rectifie, on modifie, on améliore, voilà tout, il n'y a aucune honte ou culpabilité à ressentir. Être parent, c'est en permanence se tromper, tâtonner, rectifier, innover, tester, douter, s'interroger, être à l'écoute, se remettre en cause… et au final faire de son mieux. C'est aussi, par cette attitude d'ouverture et de questionnements, un formidable message que vous transmettrez à vos enfants. Personne n'a la science infuse, se tromper fait partie intégrante de la vie, l'important est d'apprendre de ses erreurs et de corriger le tir. Le fameux *growth mindset* de Carol Dweck ne s'applique pas seulement qu'aux enfants et heureusement.

Il n'existe pas de solutions miracles ou de baguette magique pour régler les situations de tension autour des repas. Vous pensez bien que cela se saurait si tel était le cas. Mais il existe néanmoins un certain nombre de bonnes attitudes et pratiques qui, associées les unes aux autres, peuvent produire des résultats en chaîne intéressants qui permettront ainsi de réenchanter vos repas. Nous allons ci-dessous en lister dix. Testez-les et adoptez celles qui produisent des effets positifs dans votre quotidien. À vous de jouer et de faire votre propre soupe « home-made ».

1. Apprenez à mieux connaître les besoins physiologiques de votre enfant : il y a des petits mangeurs et des gros mangeurs aussi parmi les enfants et pas seulement chez les adultes. Il est essentiel de respecter les spécificités propres à chaque enfant pour construire avec eux une relation saine à la nourriture.

2. Tentez de comprendre les émotions de votre enfant durant les crises autour des repas : que ressent-il ? Pourquoi se comporte-t-il ainsi ? Que souhaite-t-il ? Interrogez-le sur ses ressentis de façon bienveillante et constructive sans lui mettre de pression contre-productive.

3. Aidez votre enfant à mieux se connaître par rapport à la nourriture (faim, satiété, goût, etc.) et à s'autoréguler : votre enfant sait mieux que vous ce dont son corps a besoin. Respectez sa liberté sans le soumettre par la force ou par la menace. Faites-lui confiance, traitez-le avec respect et compréhension. Transmettez-lui des repères et des valeurs dans la douceur et la bienveillance qu'il s'appropriera ensuite à sa façon.

4. Acceptez en particulier le fait que votre enfant puisse ne pas aimer tel ou tel aliment. Comme l'écrit le docteur Catherine Gueguen : « L'enfant ne fait pas exprès de ne pas apprécier un aliment. L'aversion pour un plat ne s'explique pas. Quand les parents imposent leur goût sans tenir compte de celui de l'enfant, celui-ci ne se sent pas entendu et vit cela comme une violence. L'enfant n'apprend pas à se connaître, à se fier à ses ressentis, mais à se soumettre aux désirs des autres, ce qui le conduit à une non-reconnaissance de soi et entraîne de nombreuses perturbations dans le développement de sa personnalité[1]. »

5. Dédramatisez la situation du dîner. Ce n'est tout de même pas la fin du monde si votre enfant ne finit pas son assiette. Ni sa vie ni la vôtre ne seront en danger, cela n'a aucune importance. Introduisez du jeu, de l'humour, de la créativité autour du repas pour retrouver de la légèreté et de la convivialité et ainsi sortir des postures figées.

---

1. Dr Catherine Gueguen, *Vivre heureux avec son enfant*, Robert Laffont, 2015.

6. Sortez de la logique du rapport de force. L'enjeu n'est pas d'avoir raison à tout prix ou de ne pas vouloir perdre la face à un instant T, mais de créer une relation positive, aimante et de confiance avec votre enfant pour l'aider à grandir et se développer.

7. Faites-vous confiance. Ayez de l'auto-empathie et de l'autocompassion pour vous, vous faites ce que vous pouvez et c'est très bien. Ne vous laissez pas envahir par la peur du regard de l'autre et les éventuels reproches et accusations. C'est bien connu que le monde fourmille de bons conseillers et de parents idéaux, à commencer par les siens (le cerveau est volontiers amnésique quand cela l'arrange…).

8. Exprimez calmement et simplement vos sentiments à votre enfant, y compris et surtout lorsque vous êtes fatigué ou à bout de nerfs. Cela permettra d'apaiser instantanément les tensions.

9. N'hésitez jamais à vous excuser auprès de votre enfant si vous avez perdu le contrôle et, à bout, avez dérapé. Vous lui montrerez ainsi que l'on ne règle pas les problèmes dans la vie en se montrant violent, que ce soit physiquement ou moralement.

100. Enfin, et c'est le combat d'une vie (l'auteur parle ici en connaissance de cause…), apprenez la patience. Qui vous a dit que c'était facile d'élever un enfant ? Ben non, ce n'est pas facile, mais c'est aussi merveilleux…

LA FESSÉE AU PLACARD… BASTA LES RAPPORTS DE FORCE !

Voilà un débat qui ne cesse d'agiter depuis des lustres les esprits des parents, des psys, des professionnels de la petite enfance, des politiques, des journalistes et j'en passe… Faut-il ou non donner la fessée à des jeunes enfants turbulents ou en apparence mal élevés et capricieux ? Faut-il contraindre, y compris en usant de la force, les enfants dits « récalcitrants » ? La violence éducative ordinaire est-elle compatible avec le bon développement de l'enfant ? Et chacun d'alimenter les controverses en y allant de sa petite histoire, de son expérience et de ses précieux conseils, le fameux « de mon temps… » comme si, bien entendu, un cas particulier (le leur en l'occurrence évidemment…) devait s'imposer et s'appliquer à tous. Ce « débat-llage », non dénué parfois d'arrière-pensées politiques, aboutit à glisser sur des questions moralisatrices, avec la tentation à peine voilée de certains de vouloir imposer leur vision du monde à la société. Discussions sans fin qui finissent invariablement dans une impasse…

Il y a eu un grand absent dans ces débats agités : les neurosciences. Cet oubli est d'autant plus étonnant, voire consternant, que la nouvelle connaissance acquise du fonctionnement du cerveau des enfants et de son développement permet de trancher de façon nette la question de savoir si donner la fessée présente ou non un intérêt éducatif pour le jeune enfant. Car sur un plan neuroscientifique, l'affaire n'est finalement pas si complexe…

Les bébés naissent avec leur cerveau émotionnel (système limbique) et leur cerveau archaïque réflexe (reptilien) relativement développés et opérationnels. En revanche, leur cerveau rationnel, dit « de l'intelligence supérieure » (le néocortex et plus particulièrement le cortex préfrontal), n'est, lui, pas du tout mature. Il leur faudra environ cinq ans pour que celui-ci se développe. Or, c'est justement ce cortex préfrontal qui, en cas de suractivation du cerveau émotionnel, est supposé prendre le relais pour calmer la machine, prendre du recul et réguler le feu des émotions négatives (tout particulièrement au niveau du cortex orbitofrontal et du cortex cingulaire antérieur). C'est ce cortex préfrontal qui permettra à nos enfants d'analyser une situation donnée pour leur donner une valeur et un sens. C'est enfin lui qui leur permettra d'adopter un comportement approprié en pondérant notamment leurs impulsions primaires et réactions réflexes. Autant dire que leurs relations à l'autre, leur humeur, leur régulation émotionnelle dépendent en très grande partie du bon fonctionnement de cette zone cérébrale. Le néocortex n'étant pas opérationnel lors des premières années, il est donc totalement absurde pour un adulte d'attendre du jeune enfant une régulation rationnelle face à son emballement émotionnel, car ce dernier n'est pas anatomiquement équipé pour. Vouloir contraindre l'enfant par la force, la menace et la violence (qu'elle soit verbale et/ou physique) ne va ainsi aboutir qu'à alimenter davantage encore son hypersensibilité émotionnelle au niveau des structures limbiques (en particulier de l'amygdale cérébrale, centre de la peur) tel un pompier qui verserait de l'huile sur le feu ardent pour le circonscrire. C'est tout simplement un total non-sens !

Non seulement vous n'allez bien évidemment rien régler à l'instant T (bien au contraire, vous attiserez davantage encore la détresse émotionnelle du tout-petit), mais vous allez à plus long terme altérer le développement cérébral de l'enfant en inhibant l'activation du cortex préfrontal en suractivant en permanence le cerveau émotionnel (*via* notamment la production chronique de cortisol qui s'attaquera au corps cellulaire des neurones avec des conséquences potentielles lourdes en termes de perturbations mentales et comportementales). La situation est alors du perdant-perdant pour tout le monde : l'atmosphère générale devient irrespirable et stressante, les parents perdent le contrôle et s'enferment dans des postures de

« bourreaux », avec des séquences entrecoupées de phases de culpabilisation… L'enfant est alors profondément désorienté et malheureux, la relation parents-enfant se détériore jour après jour.

C'est là tout l'intérêt de la science que de sortir du champ étriqué, subjectif et approximatif de la morale bien-pensante. Les neurosciences ne sont pas là pour dire ce qui relève du bien ou du mal ou ce qu'il convient de faire pour obtenir aux yeux de la société son « diplôme de bons parents ». Les neurosciences sont là pour expliquer les étapes de la maturation cognitive, émotionnelle et affective de l'enfant et les conséquences neurobiologiques et neuroanatomiques sur son cerveau de tel ou tel comportement éducatif. Libre à chacun ensuite d'en tirer ses propres conclusions.

En réagissant aux colères de l'enfant et/ou à ce qui peut être perçu comme des caprices de sa part de façon pondérée et bienveillante, en privilégiant l'écoute active, le dialogue et le respect de son intégrité physique, en bannissant de l'éducation toute violence physique et verbale, vous contribuerez ainsi à faire maturer son cerveau rationnel et lui donnerez les clés pour ne plus être l'otage de ses émotions négatives ou à défaut moins les subir. En un mot, vous l'aiderez à grandir. Patiemment, progressivement, naturellement, sans heurts ni psychodrames. Accessoirement vous construirez autour de vous un environnement serein et positif dont les fondations se renforceront jour après jour.

Cette question de la relation dynamique en construction entre le cerveau rationnel et émotionnel au cours des cinq premières années (processus qui perdurera jusqu'au début de l'âge adulte) est une donnée neuroscientifique absolument essentielle, et pourtant largement méconnue, qui devrait être enseignée à tous les parents et professionnels de la petite enfance, tant elle est déterminante pour le bon développement cognitif, émotionnel et relationnel de l'enfant. Ce que résume fort bien le docteur Catherine Gueguen, pédiatre spécialisée dans le soutien à la parentalité : « Les tout-petits sont très fréquemment assaillis par des émotions et des impulsions primitives d'attaque ou de fuite. Ils ne sont pas encore capables de prendre du recul, de réfléchir, d'analyser la situation. Il est fondamental de connaître et de comprendre que ce moment de la vie ne durera pas si les adultes apaisent l'enfant au lieu de le réprimander plus ou moins violemment, en le menaçant, en criant, en s'énervant, en punissant ou en frappant[1]. »

Nous voilà, grâce à l'apport des neurosciences, bien loin des débats primaires, paresseux et pseudo-moralisateurs mille fois entendus. Vive la connaissance !

---

1. Dr Catherine Gueguen, *Pour une enfance heureuse*, Robert Laffont, 2014.

ÉPILOGUE

Pierre est avec Alex autour de la table.
Sam est partie donner le bain à Nathan.

ALEX : Je peux te poser une question, Papou ?

PIERRE : Bien sûr, mon lapin.

ALEX : Pourquoi tu m'as pas engueulé pour avoir séché l'école ce matin ?

PIERRE *(faussement interrogatif)* : Pourquoi ? T'étais malade, non ?

ALEX *(gêné)* : Ben, j'ai un peu forcé en fait…

PIERRE : T'as quoi ?

ALEX : Ben, j'étais pas trop malade quoi…

PIERRE : Sans blagues ??? Quelle surprise ! Ben oui, ça je sais…

ALEX : Ben alors… Tu t'en fous ?

PIERRE : Pas du tout, ça m'a même travaillé toute la journée…

ALEX : Et tu m'engueules pas ?

PIERRE : Non.

ALEX : Pourquoi ?

PIERRE : Parce que non seulement ça ne réglera rien, mais en plus ça empirera la situation…

ALEX : Pourquoi ?

PIERRE : Parce que si je t'engueule, d'une certaine façon tu te diras que l'on est quittes, connerie contre engueulade, un partout la balle au centre, mais tu n'auras rien appris. Et par-dessus le marché, ton cerveau ne retiendra que les mots malheureux que je te dirai énervé et bien sûr que je ne pense pas. Cela te blessera et abîmera notre relation. Tout l'inverse de ce que je veux… Donc, je ne t'engueule pas.

ALEX : Pas faux…

PIERRE : Très vrai même, non ?

ALEX : Ouais… Alors on fait quoi ?

PIERRE : Je ne sais pas… On peut peut-être commencer par parler de la vraie raison pour laquelle tu n'es pas allé en cours ce matin ?

ALEX : Oui, d'accord, mais pas maintenant, s'te plaît.

PIERRE : Pas de problème mon grand, quand tu voudras, mais on se garde cette discussion au chaud et on ne l'oublie pas, OK ?

ALEX : Ça marche, Papou !

PIERRE : Ta soirée se présente bien ?

ALEX : Ouais, à fond !

PIERRE : Super ! Inès sera là ? Tu le sens comment ?

ALEX : Je gère, un peu nerveux quand même…

PIERRE : T'inquiète, ça va bien se passer. C'est un moment important dans une vie. À ton âge, je faisais le malin devant les autres, mais je peux te dire que je n'en menais vraiment pas large...

ALEX : Papou ?

PIERRE : Oui, mon chéri ?

ALEX : Désolé pour ce matin, je recommencerai pas, promis !

PIERRE : Merci, mon chéri. Je te crois, j'ai confiance en toi. Viens me faire un gros bisou.

Manon arrive à l'improviste…

MANON : Et depuis quand on fait des câlins sans moi dans cette maison ?

PIERRE et ALEX : Mais voilà la petite curieuse !

MANON : Ah ? Et elles vous inspirent quoi, les petites curieuses ?

PIERRE : Des énoooormes envies de câlinous !

Pierre attrape Manon tel un ogre en lui faisant des gros bisous dans le cou, Manon fait semblant de vouloir s'échapper en criant et rigolant… Alex saute alors sur son père et sa petite sœur pour les enlacer.

Pierre : Vous n'avez pas remarqué un truc, les lapins ?

Alex et Manon *(hilares)* : Euh… que t'as encore moins de cheveux qu'avant ? Ça c'est pas nouveau, mon pov' Papou, va falloir te faire une raison…

Pierre, amusé, levant les yeux au ciel : mais Dieu qu'ils sont bêtes… Nan, sérieux, vous n'avez rien remarqué ?

Alex regardant Manon d'un air faussement blasé : Qu'est-ce qu'il va encore nous sortir, ce Papou…

Pierre : Imaginez si j'avais fait comme d'hab… Alex, je t'aurais engueulé à table, on se serait fâchés, je t'aurais dit des mots blessants que j'aurais aussitôt regrettés, tu serais parti à ta soirée le moral à zéro, Manon, tu serais allée dans ta chambre saoulée par tout cela, et moi j'aurais passé une sale soirée en culpabilisant et en étant encore plus préoccupé par la situation… et probablement je me serais pris la tête avec Sam dans la foulée ! Au lieu de tout cela, on se fait un méga câlinou tous les trois. Alex, tu vas partir à ta soirée heureux et soulagé, et nous on va aussi passer un super moment…
Et cerise sur le gâteau, il y a de fortes chances pour que tu arrêtes de sécher désormais, car si l'envie te reprend, tu te souviendras de ce moment passé ensemble et de cette discussion…

Alex *(faussement vindicatif)* : Mais c'est de la pure manipulation mentale !

Pierre *(fier de sa trouvaille)* : Naaaann, monsieur Alex, c'est du *nudge* ! Je t'expliquerai tout cela quand tes neurones auront grandi.

Manon *(hilare)* : La cerise sur le gâteau… oh, l'expression de vieux schnock !

Pierre *(tendre)* : Ok… vous savez ce qu'il vous dit, le vieux schnock ?

MANON *(œil rigolard)* : Nan, on sait pas, on sait pas…

PIERRE *(serrant fort ses enfants dans ses bras)* : Le vieux schnock, il vous dit qu'il vous aime fort fort fort et qu'il a une chance folle de vous avoir.

ALEX et MANON *(de concert)* : Nous aussi, Papou, on t'aime !

Pierre, Alex et Manon se serrent très fort, vite rejoints par la magnifique Sam avec le petit Nathan dans les bras tout droits sortis du bain. L'ocytocine a envahi la maison, la soirée s'annonce radieuse…

CONCLUSION

Ainsi se termine notre odyssée à travers le cerveau de votre enfant. Il est toujours émouvant d'écrire la conclusion d'un livre. Cela ressemble au dernier jour d'un sublime séjour où chacun a eu plaisir à se rencontrer, à partager, à échanger, à s'opposer aussi parfois... et au final à s'aimer tendrement. Un dernier jour qui, on l'espère secrètement, ne sera pas le dernier tant la rencontre fut belle. Le destin choisira. Comme toujours.

Je voudrais vous remercier de deux choses essentielles pour moi.

La première est d'avoir, en lisant ce livre, accepté cette libre invitation à la connaissance que j'ai souhaité vous proposer. Ma vie n'a de sens que si elle est utile aux autres. J'espère du fond du cœur que cette lecture vous accompagnera au plus près, vous et vos enfants, et vous aidera.

La seconde est plus inattendue. J'ai beaucoup appris en écrivant ce livre sur la vie de Pierre, Sam, Alex, Manon et Nathan qui sont, au fur et à mesure des pages, devenus si proches. J'ai appris à les aimer avec toutes leurs imperfections. Au fond, ils sont comme nous, ils font ce qu'ils peuvent, ils font du mieux possible, et c'est formidable. Écrire ce livre m'a beaucoup questionné sur mon propre rôle de père, sur mes erreurs, mes réussites, mes doutes, mes espoirs, mes joies, mes peurs... Je me sens aujourd'hui, grâce à ce livre et grâce à vous qui m'avez lu, mieux armé pour progresser dans mon rôle de papa. Ce rôle d'une vie, ce rôle de ma vie. Le chemin est encore long, je le sais, mais le temps est mon allié. Merci à vous.

Et naturellement, je souhaiterais conclure en adressant un message tout particulier à mes deux enfants, Massimo et Léa, qui illuminent mon existence et lui donnent sens.

La vie est surprenante, inattendue, âpre parfois, mais au final magnifique et assurément joueuse. Et elle sera avant tout, mes chéris, ce que vous déciderez d'en faire.

Ayez conscience de votre infinie valeur, sans arrogance ni fausse modestie...

Apprenez à chaque instant, prenez des risques, échouez, remontez aussitôt sur votre cheval...

Ne vous réduisez jamais à une seule chose, assumez votre singularité...

Vivez intensément, riez de tout et surtout de vous...

Battez-vous pour votre liberté et pour celle des autres...

Ne lâchez rien de vos convictions et cherchez obstinément ce supplément de sens dans tout ce que vous ferez...

Et surtout, surtout... restez vous-mêmes et ne renoncez jamais à suivre le fil de vos idées et de vos rêves...

« On ne dit jamais assez aux gens qu'on aime qu'on les aime », chante Louis Chedid avec ses enfants. Il a bien raison. Je vous le dis très souvent je crois, aussi je vais choisir ici de vous l'écrire... Je vous aime !

À tous, je vous souhaite la vie la plus heureuse et accomplie possible.

Prenez soin de vos enfants et de ceux des autres, ils sont tellement précieux.

Et prenez soin de vous.

La vie est belle.

Merci pour tout.

Erwan Deveze

QUIZ !

COMPRENEZ-VOUS LE CERVEAU DE VOS ENFANTS ?

QUESTIONNAIRE

Nous avons écrit ce livre avec l'idée de vous être utile en vous donnant des clés de compréhension concrètes sur le fonctionnement du cerveau de vos enfants. Avez-vous désormais les bases ? Et hop, un petit test pour le vérifier !

1. Les premiers neurones se développent dans le cerveau du fœtus après :
   a) 1 mois de grossesse.
   b) 3 mois de grossesse.
   c) 5 mois de grossesse.
   d) 7 mois de grossesse.

2. Le nouveau-né à la naissance bénéficie de :
   a) 10 % de ses connexions synaptiques opérationnelles.
   b) 30 %.
   c) 50 %.
   d) 70 %.
   e) 90 %.

3. La plasticité cérébrale (capacité du cerveau à créer de nouveaux réseaux de neurones) est maximale :
   a) entre 0 et 5 ans.
   b) entre 6 ans et 11 ans.
   c) entre 12 ans et 17 ans.
   d) entre 18 ans et 25 ans.
   e) après 25 ans.

4. Le cerveau est définitivement formé à environ l'âge de :
   a) 3 ans.
   b) 7 ans.
   c) 12 ans.

d) 18 ans.

e) 25 ans.

5. Les écrans (tablettes, smartphone, ordinateur, etc.) sont positifs pour le cerveau des tout-petits (0-3 ans).

a) Vrai.

b) Faux.

6. Laisser pleurer un bébé sur des temps longs lui permet d'apprendre à ensuite mieux contrôler ses émotions.

a) Vrai.

b) Faux.

7. Les jeux vidéo sont pour le cerveau des adolescents plutôt :

a) néfastes.

b) stimulants.

c) néfastes et stimulants à la fois.

8. Le cortex préfrontal, siège des fonctions exécutives du cerveau (pensée, analyse, réflexion, langage, mémoire, etc.), se développe jusqu'à l'adolescence.

a) Vrai.

b) Faux.

9. L'introduction du jeu à l'école permet d'améliorer les capacités d'apprentissage et de mémorisation de l'enfant.

a) Vrai.

b) Faux.

c) Sans effet.

10. Les cerveaux des garçons et des filles sont :

a) identiques.

b) différents.

c) à la fois identiques et différents.

11. Les enfants peuvent faire plusieurs choses en même temps.

a) Vrai.

b) Faux.

12. L'introduction d'exercices de respiration et/ou pratiques méditatives à l'école :

a) permet de baisser les tensions au niveau de l'établissement.

b) permet d'augmenter les résultats scolaires.

c) permet de baisser les tensions et d'augmenter les résultats scolaires.

d) est sans réel effet avéré.

13. L'éducation par la peur et la menace permet de recadrer les enfants capricieux et récalcitrants.

a) Vrai.

b) Faux.

14. La qualité des échanges relationnels parents-enfants (dialogue, écoute, câlins, etc.) modifie le fonctionnement et la structure du cerveau des enfants.

a) Vrai.

b) Faux.

15. Les câlins aux tout-petits consolident et fortifient l'ADN.

a) Vrai.

b) Faux.

RÉPONSES

1a - 2a - 3a - 4e - 5b - 6b - 7c - 8a - 9a - 10c - 11b - 12c - 13b - 14a - 15a

1. Les premiers neurones se développent dans le cerveau du fœtus après :
Réponse a : 1 mois de grossesse.

Les premiers neurones se forment dès le 28ᵉ jour de grossesse alors que l'embryon n'est pas plus gros qu'un grain de riz. Environ 3 000 nouveaux neurones sont alors créés chaque seconde. Au sixième mois, 90 milliards de neurones se sont ainsi formés !

2. Le nouveau-né à la naissance bénéficie de :
Réponse a : 10 % de ses connexions synaptiques opérationnelles.

Les connexions synaptiques correspondent aux connexions entre les neurones. Elles démarrent avant la naissance et vont se poursuivre pendant plus de vingt ans durant lesquels ces connexions seront réagencées en permanence : les connexions non utilisées disparaîtront (processus appelé l'« élagage synaptique ») au profit des circuits utiles qui, eux, seront consolidés. Malin, le cerveau, il ne garde en somme que ce qui lui est utile !

3. La plasticité cérébrale (capacité du cerveau à créer de nouveaux réseaux de neurones) est maximale :
Réponse a : entre 0 et 5 ans.

Cette période de 0 à 5 ans est un véritable feu d'artifice neuronal et un bouillonnement synaptique. Nos tout-petits se nourrissent de tous les stimuli rencontrés au fil de la journée, expérimentent, testent, confrontent. Cette plasticité cérébrale au top explique notamment pourquoi apprendre sa langue maternelle à même pas 2 ans en quelques mois ne leur pose pas de problèmes particuliers… Essayez donc à 50 ans d'en faire autant avec l'apprentissage d'une nouvelle langue !

4. Le cerveau est définitivement formé à environ l'âge de :

Réponse e : 25 ans.

C'est effectivement aux environs de 25 ans que le cerveau devient pleinement mature avec notamment la fin du développement du néocortex (en particulier de chaque zone du cortex préfrontal). L'âge de l'adolescence est celui du grand élagage avec la consolidation et la suppression de très nombreuses connexions neuronales qui modèleront considérablement les régions cérébrales indispensables au comportement social, à la réflexion, à la prise de décision, à la régulation émotionnelle, etc.

5. Les écrans (tablette, smartphone, ordinateur, etc.) sont positifs pour le cerveau des tout-petits (0-3 ans).

Réponse b : c'est faux !

Outre le fait de placer l'enfant dans une posture passive devant les écrans et ainsi d'entraver la création de nouvelles connexions synaptiques, le risque addictif à cet âge est déjà très grand, ce qui explique les réactions parfois violentes de tout-petits âgés de 2-3 ans quand on leur retire leur tablette ou smartphone après plusieurs semaines ou mois d'usage. Les écrans dans la toute petite enfance ne peuvent être acceptables que dans le cadre de jeux interactifs en présence d'un adulte et de façon extrêmement modérée. On peut aussi tout à fait s'en passer !

6. Laisser pleurer un bébé sur des temps longs lui permet d'apprendre à ensuite mieux contrôler ses émotions.

Réponse b : faux.

Laisser pleurer un bébé sur des temps longs ne peut que contribuer à renforcer son mal-être et sa détresse émotionnelle et/ou affective. Rappelez-vous une règle fondamentale : un bébé ne pleure jamais sans raisons. À nous, adultes, de savoir bien les décrypter pour répondre à son besoin spécifique et le rassurer. C'est son bon développement émotionnel et affectif qui est en jeu.

7. Les jeux vidéo sont pour le cerveau des adolescents plutôt :

Réponse c : néfastes et stimulants.

Il se dit beaucoup de choses sur les jeux vidéo qui semblent parfois être la cause de tous les maux de notre société. Là encore, un peu de bon sens. La pratique de jeux vidéo d'action ou de sport peut avoir un effet bénéfique pour le cerveau, notamment sur le système réflexe et sur l'intelligence spatiale. Et ce sera en tout état de cause bien plus profitable que de rester avachi devant une émission de téléréalité. Après, une fois encore, tout est dans l'usage de ces jeux vidéo qui doit être modéré, raisonné, et surtout ne pas se substituer à d'autres activités (sport, rencontres, activités artistiques, etc.).

8. Le cortex préfrontal, siège des fonctions exécutives du cerveau (pensée, analyse, réflexion, langage, mémoire, etc.), se développe jusqu'à l'adolescence.

Réponse a : vrai.

Le cortex préfrontal est effectivement la dernière zone du cerveau à maturer et elle atteint sa version finalisée quelques années après l'adolescence en fait, aux alentours de 20-25 ans. Cependant, cela ne signifie pas qu'ensuite votre cerveau restera immuable. Votre style de vie, votre niveau de stress, votre alimentation, etc. auront un impact direct sur celui-ci qui se densifiera ou au contraire s'atrophiera selon les expériences vécues.

9. L'introduction du jeu à l'école permet d'améliorer les capacités d'apprentissage et de mémorisation de l'enfant. Réponse a : vrai.

Le jeu a des vertus infinies pour les enfants. En introduisant le jeu dans l'éducation, vous activez chez l'enfant les neurones à dopamine dans différentes structures du cerveau, notamment autour de l'hippocampe, ce qui renforcera ses capacités d'apprentissage et de mémorisation. En outre, jouer à plusieurs permet de créer du lien social avec la sécrétion de tout un ensemble de neurotransmetteurs et hormones vitales au bon développement cérébral de l'enfant.

10. Les cerveaux des garçons et des filles sont : Réponse c : à la fois identiques et différents.

Vaste et complexe question qui renvoie à l'inné et l'acquis. Si les cerveaux des garçons et des filles sont identiques dans leur architecture globale (le cerveau homme étant juste environ 10 % plus gros que celui des femmes pour des simples questions de proportionnalité par rapport au reste du corps), il y a cependant des éléments distinctifs de genre, comme la vie hormonale, qui a des incidences directes sur le développement et le fonctionnement cérébral. Mais attention aux stéréotypes socioculturels et au poids de l'éducation qui tendent invariablement à enfermer les petits garçons et petites filles dans des cases pour le reste de leur vie. Non, les petites filles ne sont pas cérébralement moins douées à la naissance pour les maths que les petits garçons.

11. Les enfants peuvent faire plusieurs choses en même temps. Réponse b : faux.

Voilà encore un neuro-mythe qui a la vie dure. Contrairement à une croyance fortement ancrée (et parfois, il faut le dire, aux apparences quand on voit nos ados), il nous est impossible de faire deux choses en même temps puisque les circuits cérébraux se concurrencent entre eux, autrement dit, deux circuits ne peuvent être activés en même temps (sauf si l'une des activités est totalement automatisée et donc subconscientisée). Nous passons donc d'une activité à l'autre de façon séquentielle, ce qui requiert une énergie cérébrale très importante et finit par nous épuiser (pensée et activité zapping).

12. L'introduction d'exercices de respiration et/ou pratiques méditatives à l'école :

Réponse c : permet de baisser les tensions et d'augmenter les résultats scolaires.

L'efficacité des exercices de respiration et de méditation n'est plus à démontrer tant la littérature scientifique regorge d'études venant du monde entier particulièrement probantes sur le sujet. En agissant sur des mécanismes conscients et inconscients (*via* le système nerveux autonome), la respiration et la méditation permettent de rehausser l'attention, baisser le niveau de stress (cortisol), diminuer l'activité de l'amygdale (peur), densifier l'hippocampe (apprentissage et mémoire), rehausser nos immunités naturelles, etc. Les effets positifs sont innombrables. À noter qu'un simple exercice de respiration de type cohérence cardiaque réalisé 3 fois 5 minutes par jour provoque des effets neurobiologiques au bout de quatre à cinq semaines seulement. Simple, facile, efficace… On commence quand à l'école ?

13. L'éducation par la peur et la menace permet de recadrer les enfants capricieux récalcitrants.

Réponse b : faux (bien sûr !).

En imposant un rapport de force et de domination entre l'adulte et l'enfant (verbal et/ou physique), vous allez accélérer la production des hormones du stress (adréna-line, cortisol) chez l'enfant, ce qui aura un impact direct immédiat sur ses capacités d'apprentissage et de sociali-sation et empêchera le bon développement de ses struc-tures cérébrales avec des conséquences qui se feront sentir tout au long de sa vie d'adulte (perturbations mentales et comportementales).

14. La qualité des échanges relationnels parents-enfants (dialogue, écoute, câlins, etc.) modifie le fonctionnement et la structure du cerveau des enfants.

Réponse a : vrai.

Une éducation bienveillante et positive a des effets neuro-biologiques directs sur le cerveau des enfants en libérant la sécrétion des « molécules du bien-être » : ocytocine, endorphines, dopamine, sérotonine, etc. Elle permet au cerveau de se développer harmonieusement avec des effets positifs en cascade : maturation des structures du cortex préfrontal (essentiel dans la régulation des émotions), augmentation de la taille/activité de l'hippocampe (centre de la mémoire et de l'apprentissage) et diminution de la taille/activité de l'amygdale (centre de la peur).

15. Les câlins aux tout-petits consolident et fortifient l'ADN.

Réponse a : vrai.

Faire des câlins à votre bébé pourrait bien modifier son ADN en le fortifiant. C'est la surprenante découverte réalisée sur l'animal par une équipe de chercheurs en étudiant le génome de petits souriceaux élevés dans le premier cas par des mamans très attentionnées et affec-tueuses et dans le second par des mamans plus distantes. Ces modifications, qui se produisent dans la région de l'hippocampe, semblent être déclenchées par des proces-sus épigénétiques qui modifient l'expression des gènes.

➤ Vous avez de **1 à 3 points** : le cerveau de vos enfants et vous, ça fait deux, courez vite acheter *Le Cerveau pour les nuls*.

➤ Vous avez de **4 à 7 points** : quelques vagues connaissances mais peut mieux faire. Cela ne doit pas toujours être simple à la maison...

➤ Vous avez de **8 à 11 points** : pas si mal pour un début. Après un bon coaching, vous serez au top !

➤ Vous avez **plus de 12 points** : vous avez presque tout compris du développement cérébral de vos enfants, ils en ont de la chance !

➤ Vous avez **15 points** : restez près de votre téléphone, j'ai absolument besoin de vous pour écrire le tome 2 !

LES 10 NEURO-MYTHES SUR LE CERVEAU DES ENFANTS !

1. NOUS UTILISONS SEULEMENT 10 % DES CAPACITÉS DE NOTRE CERVEAU

Les êtres humains n'utilisent que 10 % de leur cerveau. Imaginez si l'on pouvait atteindre 100 % quel serait le potentiel pour nos enfants et nous-même. C'est probablement l'un des neuro-mythes le plus ancien et les plus tenaces, repris par Luc Besson dans son film *Lucy* de 2014. Scarlett Johansson y incarne une étudiante qui atteint progressivement 100 % de ses capacités cérébrales après la prise d'une drogue expérimentale. Elle acquiert alors des super-pouvoirs et devient capable de manipuler les humains et les machines par télékinésie ou encore de calculer à la vitesse d'un microprocesseur. *Lucy* est certes un excellent film de divertissement, mais cela n'est que de la pure science-fiction. Nous savons en effet, grâce à l'imagerie médicale, que notre cerveau est sollicité de façon permanente avec des activations spécifiques des zones cérébrales en fonction de ce que nous faisons. L'ensemble de notre cerveau est donc bien activé, bien que chacune des régions ne soit pas mobilisée au même instant. L'idée qu'il existerait des zones cérébrales inexplorées susceptibles de nous donner des capacités cognitives supplémentaires relève donc bien du fantasme. En revanche, l'idée que nous pourrions, par une meilleure compréhension de celui-ci, mieux nous servir de notre cerveau est, elle, une évidence.

2. LE STOCK DE NEURONES SE CONSTITUE À LA NAISSANCE ET ENSUITE NE CESSE DE DIMINUER AVEC L'ÂGE

Voilà un neuro-mythe qui a eu la vie longue et ce n'est que récemment à l'échelle de la science (il y a une vingtaine d'années) que les neuroscientifiques ont pu identifier deux zones cérébrales où l'on peut, sous certaines conditions, créer de nouveaux neurones à partir de cellules souches existantes. Ce phénomène, appelé « neurogenèse », se déroule près du bulbe olfactif et au niveau de l'hippocampe (on parle de « niches germinatives », songez par exemple qu'à l'âge de 50 ans, la totalité de vos neurones initialement présents dans votre hippocampe auront été remplacés !). Cette fontaine de jouvence neuronale permet de renouveler ainsi tout au long de la vie certaines cellules impliquées dans la mémoire, l'apprentissage et l'attention… à certaines conditions néanmoins directement liées à notre mode de vie. Avoir une bonne alimentation, faire du sport, avoir une bonne gestion de son stress, avoir un tissu relationnel de qualité, prendre du plaisir à faire les choses, etc. À noter qu'il n'est pas exclu, un jour, que cette neurogenèse puisse se produire dans d'autres zones du cerveau ou que l'on puisse faire migrer ces nouveaux neurones dans d'autres zones cérébrales… La recherche avance sur le sujet, notamment dans le cadre de la lutte contre les maladies neurodégénératives.

3. LES ADOLESCENTS ARRIVENT À FAIRE PLUSIEURS CHOSES À LA FOIS

Encore un neuro-mythe solidement ancré dans l'inconscient collectif. Désolé, chers ados et chers parents d'ados, mais les circuits cérébraux de réseaux de neurones se concurrencent entre eux. On ne peut donc faire qu'une activité à la fois et on passe de l'une à l'autre de façon séquentielle. Seule exception, lorsque l'une des deux activités est suffisamment automatisée par le cerveau (en l'occurrence subconscientisée) et ne nécessite alors pas un effort cognitif particulier (par exemple, travailler avec un fond musical non saillant). Sachez que le mode multi-tâche (ou *multitasking*) qui consiste à zapper en permanence d'une activité cognitive à une autre est épuisant pour le cerveau et conduit à une qualité de travail au final très médiocre.

4. LE CERVEAU DES GARÇONS EST DIFFÉRENT DE CELUI DES FILLES

Question complexe. En fait la réponse est oui et non... Sur un plan anatomique, les cerveaux H/F sont relativement identiques avec simplement un poids moyen du cerveau des femmes (1,2 kilo) inférieur de 10 % à celui des hommes (1,35 kilo) pour de simples raisons de corpulence moyenne. En revanche, la vie hormonale spécifique des hommes et des femmes a une influence directe sur leur cerveau, qui se traduit indiscutablement par des différences de fonctionnement cérébral. Par ailleurs, certaines études récentes laissent à penser que la connectivité neuronale entre les deux hémisphères et à l'intérieur de chaque hémisphère pourrait présenter certaines différences entre les hommes et les femmes. Tout cela reste à préciser et à confirmer, sans parler du poids de l'environnement et des stéréotypes socioculturels qui portent à l'évidence une lourde responsabilité sur les différences de genre et ce dès les premières années de nos tout-petits. Quand on vous dit que c'est compliqué…

5. IL EXISTE UN « CERVEAU DROIT » ET UN « CERVEAU GAUCHE »

Le mythe d'un cerveau gauche analytique, séquentiel, rationnel, bien élevé, *versus* un cerveau droit émotionnel, instinctif, artiste, siège de l'abstraction est ancien. Cette théorie des deux cerveaux, dans laquelle chaque hémisphère jouerait un rôle particulier (latéralisation du cerveau), a ensuite été popularisée dans les années 1970 par trois neurologues de l'université Harvard, Geschwind, Levitsky et Galaburda avec un certain succès. Malgré des fondements expérimentaux peu étayés, cette théorie a séduit car elle cristallise une représentation bipolaire du monde que le grand public adore. Celle d'un être humain traversé en permanence par deux tempéraments que tout oppose, ce côté Jekyll et Mister Hyde qui expliquerait tant de nos petits et grands tracas… Et pourtant, force est de constater que nous n'avons qu'un seul cerveau. Et, qui plus est, que les fonctions cérébrales reposent sur l'intégration d'informations dont les modalités sensorielles sont diverses et dont le trajet neuronal peut être recomposé au gré des apprentissages ou des accidents de la vie grâce à la plasticité. Hémisphères droit et gauche partagent et traitent la même information, en la colorant simplement différemment. En clair, dans le cerveau, pour le traitement d'une information, ce n'est pas hémisphère gauche contre hémisphère droit, mais bien l'addition de l'hémisphère gauche et de l'hémisphère droit dans une interaction dynamique permanente *via* les corps calleux, même si chaque hémisphère a effectivement ses propres aires de spécialisation.

6. CHAQUE ÉLÈVE A SON PROFIL D'APPRENTISSAGE SPÉCIFIQUE

Un neuro-mythe très fréquent en éducation serait celui selon lequel les élèves apprendraient mieux lorsqu'ils reçoivent les informations dans leur style d'apprentissage favori : visuel, auditif ou kinesthésique. Les études démontrent en réalité que, bien que les élèves puissent avoir des préférences, le fait d'enseigner en fonction de ces préférences ne favorise pas un meilleur apprentissage. Le traitement des informations s'effectue de façon globale et en complémentarité par de nombreuses aires cérébrales, les voies de la perception étant toutes imbriquées les unes aux autres. En revanche, et c'est l'idée des intelligences multiples de Howard Gardner évoquées au début de ce livre, chaque élève développe certaines capacités (innées ou non) mieux que d'autres.

7. APPRENDRE PAR CŒUR EST VITAL POUR LE CERVEAU

Savoir n'est pas comprendre. Notre modèle éducatif s'est en partie construit sur les apprentissages par cœur : tables de multiplications, dates historiques, poésies… Avec la digitalisation et les nouvelles technologies, cette suprématie du « par cœur » n'est plus aussi indiscutable qu'auparavant. Il est aujourd'hui plus utile et efficace dans le monde du XXIe siècle de savoir où et comment chercher l'information rapidement que de prétendre la connaître par cœur, d'autant que nous ne pouvons plus rivaliser avec l'intelligence artificielle sur ce point précis. Pour autant, apprendre par cœur est un exercice cérébral intéressant dans la mesure où il fait travailler plusieurs types de mémoires qui sont utiles au bon fonctionnement cognitif. C'est donc une activité intéressante mais pas vitale.

8. NE RIEN FAIRE OU DORMIR PERMET DE LAISSER LE CERVEAU SE REPOSER

Eh bien, non. Ou du moins, pas totalement. Le cerveau est en fait toujours en activité, que l'on soit en période d'éveil ou de sommeil. Prendre le temps de s'arrêter pour rêvasser, par exemple, active paradoxalement plus de zones cérébrales que lorsque nous sommes focalisés sur une seule tâche, notamment la zone du cortex préfrontal, siège du raisonnement et de la planification. Ce temps de pause est d'ailleurs précieux pour notre cerveau… et donc pour nous car il nous permet de préparer l'avenir et d'imaginer des solutions à des problèmes plus complexes. Idem lors du sommeil où nous passons une grande partie de la nuit à rêver, même si nous ne nous souvenons pas de nos rêves le lendemain matin (pour l'anecdote, nous passons en moyenne un quart de notre vie à rêver). C'est précisément cette hyperactivité continue qui explique pourquoi le cerveau consomme chaque jour 20 % de notre énergie totale (glucose et oxygène), alors qu'il ne représente que 2 % du poids du corps. Il en faut du carburant pour activer cette incroyable centrale électrochimique !

9. LES JEUX VIDÉO ABRUTISSENT LES ENFANTS

C'est plus compliqué que cela. Certains jeux vidéo sont intéressants sur le plan cérébral, en permettant notamment de faire travailler les aires réflexes, visuelles, spatiales, et également celles impliquées dans la prise de décision. En revanche, ce qui est dangereux, ce sont les risques associés : isolement, désocialisation, addiction, rupture scolaire, altération du sommeil, agressivité, altération du sens moral dans le cas de certains jeux violents, etc. Il s'agit donc de faire montre de bon sens. Tout est dans l'usage modéré et dans le choix des jeux vidéo adapté à l'âge de l'enfant.

10. LES ONDES DU PORTABLE SONT NOCIVES POUR LE CERVEAU

De nombreuses études ont été menées sur le sujet, hélas pas toujours sans arrière-pensées et avec des résultats souvent contradictoires. La vérité aujourd'hui est que nous n'avons pas assez de recul temporel pour nous faire une idée précise de la dangerosité éventuelle des ondes de téléphone portable. Aussi convient-il d'appliquer un principe élémentaire de précaution, par exemple en évitant d'être collé à son téléphone en mode appel (utilisez votre kit main-libre) et en arrêtant de dormir à quelques centimètres de son smartphone. Ces précautions sont tout particulièrement à respecter pour les enfants et les adolescents dont le cerveau est particulièrement malléable et vulnérable (rappelez-vous, le cerveau n'atteint sa maturation définitive qu'à l'âge de 25 ans environ).

Pour information, l'Organisation mondiale de la santé (OMS) affiche une prudence de mise en considérant l'usage des téléphones mobiles comme « potentiellement » cancérigène.

ZOOM SUR NOTRE NEUROBIOLOGIE !

De très nombreuses réactions chimiques se produisent en permanence dans notre cerveau en réaction à notre environnement et nos expériences de vie. **Les neurotransmetteurs** (ou « neuromédiateurs ») sont des substances chimiques fabriquées par le cerveau permettant aux neurones de communiquer entre eux par l'influx nerveux. Il existe des neurotransmetteurs excitateurs et inhibiteurs. **Les hormones** sont quant à elles des molécules fabriquées par une glande et transportées par le sang ou la lymphe pour agir sur l'organisme.

La dopamine, appelée « neuromédiateur du plaisir » ou « du bonheur », est impliquée dans le circuit de la récompense et est libérée par le cerveau lors de chaque expérience qu'il juge bénéfique. La dopamine « donne des ailes », nous rend positif, stimule la mémoire à court terme, etc., mais présente aussi un risque de dépendance (notons d'ailleurs que les drogues ont toutes la caractéristique commune de stimuler la libération de dopamine dans le cerveau). Le chocolat, le café, le sport favorisent sa synthétisation. La dopamine est également impliquée dans les mouvements, la maladie de Parkinson étant liée à un déficit de ce neurotransmetteur.

La sérotonine est un neurotransmetteur intervenant dans la régulation de l'humeur, le sommeil, l'appétit, la douleur, la température corporelle. Elle est synthétisée par les neurones sérotoninergiques. Une baisse de sérotonine entraîne des troubles importants : impulsivité, agressivité et états dépressifs pouvant conduire jusqu'au suicide.

Les antidépresseurs permettent d'augmenter le niveau de sérotonine dans le cerveau, notamment en inhibant sa recapture. Les relations sociales, les contacts physiques, la passion amoureuse, les pensées positives, le sport, certains aliments spécifiques comme le chocolat noir, les poissons gras, les noix, les céréales complètes ont un effet positif sur la synthétisation, l'activation et la sécrétion de la sérotonine.

La noradrénaline est un neurotransmetteur impliqué dans l'attention, les émotions, le sommeil, les rêves et l'apprentissage. La noradrénaline est aussi libérée comme une hormone dans le sang où elle contracte les vaisseaux sanguins et augmente la fréquence cardiaque et la pression artérielle. Elle est nécessaire quand une situation demande un surcroît de vigilance et d'attention. Elle joue un rôle majeur dans les troubles de l'humeur comme la maniaco-dépression, appelée aujourd'hui « troubles bipolaires », et aussi dans les états amoureux.

Le glutamate est un neurotransmetteur excitateur impliqué dans l'apprentissage et la mémoire. « L'infobésité » qui se traduit par l'envoi massif de stimuli au cerveau augmente le niveau de glutamate, ce qui a pour conséquence de perturber le niveau de qualité attentionnelle.

L'acétylcholine est un neurotransmetteur excitateur impliqué dans la mémoire, l'éveil, l'attention, la motivation, la colère, la sexualité et la soif. Libéré pendant le sommeil, il joue un rôle important dans l'apprentissage en facilitant les processus de consolidation (mémoire à long terme). La maladie d'Alzheimer est associée à un déficit d'acétylcholine dans certaines régions du cerveau d'où la perte mémorielle.

Le Gaba est un neurotransmetteur inhibiteur très répandu dans les neurones du cortex. Il contribue au contrôle moteur, à la vision, à plusieurs autres fonctions corticales et régule également l'anxiété. Des drogues permettant d'augmenter son niveau dans le cerveau sont utilisées pour traiter les crises d'épilepsie.

L'adrénaline est à la fois une hormone sécrétée par les glandes surrénales et un neurotransmetteur présent dans le système nerveux central. L'adrénaline fournit au corps une décharge d'énergie permettant de faire face à une situation de stress immédiat (le fameux « fight, flight, freeze »).

Le cortisol est une hormone libérée sous l'effet du stress. À dose réduite, elle augmente les capacités de focalisation, d'attention et de mémoire lors des processus de consolidation. À dose élevée sur le long terme, le cortisol entraîne toute une série de troubles physiques et psychologiques et maladies dérivées. À trop forte dose, il représente aussi une menace pour mobiliser les fonctions vitales (hypertension, anxiété, insomnies, prise de poids, etc.). C'est l'hormone du stress chronique au travail.

L'endorphine est une hormone provoquant un état euphorisant de bien-être général et agissant également comme un antidouleur (opiacée naturelle). Elle est produite principalement pendant l'effort physique de longue durée, ce qui explique son effet d'addiction auprès de nombreux sportifs (jogging, culturisme).

L'ocytocine, appelée « hormone de l'amour » ou « de l'attachement », est produite par l'hypophyse et joue un rôle clé sur l'humeur, notamment en faisant baisser le taux de cortisol associé au stress. L'ocytocine est principalement produite en réponse aux contacts physiques (câlins, activité sexuelle, orgasme). Elle accompagne la naissance du sentiment amoureux dans un couple, ce qui explique l'état d'insouciance ressentie. Elle renforce également le lien, les sentiments empathiques, le niveau de confiance et de sécurité entre les personnes.

REMERCIEMENTS

À mes amis neuroscientifiques si inspirants et impressionnants d'intelligence et d'humilité.

À mes deux fantastiques éditrices, Élodie et Mélissa.

À Brigitte pour son indéfectible soutien et ses relectures attentives.

Au professeur Thierry Judet qui m'a remis sur pied.

À Bernard, Céline, Frédéric, Frédérique, Gilles, Jean-Louis, Jean-Loup, Marion, Maud, Pauline, Raphaëlle, Sabine, Stéphane et Virginie pour leur belle et tendre amitié.

GLOSSAIRE

Amygdale cérébrale : structure du cerveau limbique jouant un rôle très important dans les émotions, notamment dans l'expression des peurs et de l'anxiété. Elle joue le rôle de sentinelle du cerveau.

Cellules gliales : les cellules gliales entourent les neurones et participent au contrôle de leur environnement chimique et électrique en leur fournissant des nutriments et en éliminant leurs déchets.

Cerveau limbique : cerveau de nos émotions situé au cœur de la boîte crânienne.

Circuit de la menace : circuit cérébral s'activant en cas de détection d'une menace ou d'un danger, qu'il soit réel ou supposé. À noter que le circuit de la menace est prioritaire sur tout autre circuit et monopolise des quantités importantes de sang et d'oxygène, privant ainsi l'individu de ses autres capacités cognitives (décisions, créativité, mémoire, etc.)

Circuit de la récompense (ou circuit hédonique) : circuit cérébral ayant pour fonction de récompenser l'exécution de certaines fonctions par une sensation agréable de plaisir. Initialement créé au cours de l'évolution pour satisfaire les fonctions vitales (manger, boire, se reproduire), ce circuit s'est ensuite généralisé à d'autres activités afin de nous inciter à les reproduire.

Cognition : ensemble des processus mentaux qui se rapportent à la connaissance (perception, mémoire, langage, raisonnement, apprentissage, prise de décision, résolution de problèmes, attention, etc.).

Connexions synaptiques : connexions entre neurones s'établissant au travers d'une synapse *via* des mécanismes électrochimiques.

Corps calleux : réseau de fibres nerveuses reliant les deux hémisphères droit et gauche (communication interhémisphérique).

Cortex cingulaire antérieur (CCA) : appelé aussi « Gyrus » ou « circonvolution cingulaire », le CCA, qui est situé au-dessus des corps calleux, joue un rôle d'interface entre émotion et cognition, particulièrement dans la transformation de nos sentiments en intentions et actions. Il contrôle le bon fonctionnement entre le cerveau de la raison et celui des émotions.

Cortex dorsolatéral : situé sur la face externe du cortex préfrontal, le cortex dorsolatéral est impliqué dans l'élaboration des processus cognitifs et joue un rôle majeur dans la planification et les fonctions exécutives. Il est le « raisonneur » du cerveau.

Cortex orbitofrontal (COF) : aire du lobe frontal reliée aux centres émotionnels du cerveau (limbique), au néocortex et au tronc cérébral jouant un rôle essentiel dans nos relations affectives, notre capacité empathique, notre régulation émotionnelle, notre aptitude à prendre des décisions et notre sens moral.

Cortex préfrontal (CPF) : cerveau dit « de l'intelligence supérieure et adaptative ». Siège du raisonnement, de l'analyse, de la réflexion, de la pensée abstraite, de la créativité. Le cortex préfrontal abrite 80 % des cellules neuronales totales du cerveau.

Dépresseurs : substances naturelles ou chimiques ralentissant le fonctionnement du système nerveux central (alcool, hypnotiques, opiacés, tranquillisants, anxiolytiques, neuroleptiques, analgésiques, etc.).

Dissonance cognitive : simultanéité de cognitions contradictoires (ou entre une cognition et une action) provoquant un inconfort et une tension mentale chez l'individu (se produit notamment lorsque le conscient et l'inconscient d'un individu s'opposent).

Épigénétique : discipline de la biologie étudiant les mécanismes moléculaires relatifs à l'expression du patrimoine génétique en fonction du contexte et de notre mode de vie (celui-ci ayant une influence directe sur l'expression ou l'inhibition de certains gènes, bénéfiques ou pathogènes).

Fixed mindset : croyance selon laquelle les enfants seraient naturellement doués et prédestinés à faire telle ou telle chose en fonction de leur patrimoine génétique et de leur tempérament inné (déterminisme génétique).

Flexibilité cognitive (ou flexibilité mentale) : désigne la capacité de passer d'une tâche cognitive à une autre ou d'un comportement à un autre en fonction des circonstances et exigences du moment. Appelée également « intelligence situationnelle », la flexibilité mentale nous pousse à adapter nos croyances et comportements pour trouver des solutions innovantes et pertinentes face à un problème donné.

Génome : ensemble des gènes portés par les chromosomes d'une cellule (contraction de gènes et chromosomes). Le génome humain est constitué d'environ 25 000 à 30 000 gènes.

Growth mindset : croyance selon laquelle les enfants ont la capacité de progresser et d'acquérir de nouvelles compétences à tout moment à force de travail et de sens de l'effort (concept popularisé par Carol Dweck).

Hallucinogènes : substances naturelles ou chimiques affectant le fonctionnement du système nerveux central et qui aboutissent à la modification de nos perceptions et sensations (LSD, solvants, cannabis, etc.).

Hauts potentiels (HP) : aussi appelés « enfants surdoués » ou « précoces », les enfants à haut potentiel présentent des capacités cognitives au-dessus de la moyenne (minimum de 130 au test de quotient intellectuel). Les enfants HP se répartissent en deux catégories distinctes : les laminaires et les complexes.

Hippocampe : structure du cerveau limbique impliquée dans la consolidation des souvenirs et la régulation des émotions. Il occupe une place centrale dans l'apprentissage, la mémoire émotionnelle consciente et la mémoire à long terme.

Influx nerveux : activité électrique circulant dans les différentes parties du cerveau créée par l'activation et la connexion entre neurones. L'intensité de l'activité cérébrale se manifeste par la fréquence d'ondes calculée en hertz.

Insula : relais entre les régions du cerveau émotionnel et celles dévolues à la régulation de ces émotions (cortex préfrontal), l'insula joue un rôle important dans nos relations aux autres et participe à la conscience de soi.

Intelligence artificielle (IA) : ensemble de concepts, de programmes informatiques et de technologies permettant de réaliser des tâches simulant ou reproduisant l'intelligence humaine (à noter que la robotique n'est seulement qu'une partie de l'IA).

Intelligence collective : aptitude pour un groupe à coopérer ensemble pour créer, innover et progresser en multipliant les interactions et échanges entre ses membres.

Intelligence émotionnelle : capacité à reconnaître, comprendre et réguler ses propres émotions, ainsi que celles des autres.

IRMf : Imagerie par résonance magnétique fonctionnelle. Technique d'investigation médicale permettant de suivre en temps réel l'activation des zones cérébrales lors des processus cognitifs et émotionnels.

Mémoire de travail : mémoire à court terme permettant de retenir, pendant un laps de temps de 20 à 30 secondes, des informations nécessaires à notre fonctionnement cognitif courant.

Neurogenèse : processus de fabrication de nouveaux neurones possible dans certaines parties du cerveau (par exemple dans la région de l'hippocampe ou dans le bulbe olfactif *via* les cellules souches).

Neurologie : branche de la médecine s'intéressant aux conséquences cliniques des pathologies du système nerveux et à leurs traitements.

Neuromédiateurs : substances chimiques fabriquées par le cerveau permettant aux neurones de communiquer entre eux.

Neurones : cellules nerveuses composées d'un corps cellulaire, de dendrites et d'un prolongement appelé « axone ». Un cerveau humain est constitué d'environ 80 à 100 milliards de neurones dont chacun peut potentiellement être connecté à 10 000 autres, soit 1 million de milliard de connexions potentielles.

Neurones miroirs : cellules nerveuses découvertes par G. Mizzolati et ses équipes en 1990, s'activant de façon identique lorsqu'un individu exécute une action ou lorsqu'il regarde un autre individu exécuter la même action (d'où le terme « miroir » ou « wifi neuronale » selon l'expression de Daniel Goleman).

Neuroplasticité : capacité innée du cerveau à se modifier en permanence en recréant de nouveaux circuits cérébraux. (Neuroplasticité autodirigée : activation cérébrale déclenchée par la personne elle-même.)

Neuropsychologie : science étudiant les relations entre le système nerveux et le fonctionnement psychologique.

Neurosciences : ensemble des disciplines étudiant l'anatomie, le fonctionnement et les pathologies du système nerveux central (cerveau, moelle épinière, nerfs, organes des sens et système nerveux autonome).

Neurosciences cognitives : domaine de recherche dans lequel sont étudiés les mécanismes neurobiologiques qui sous-tendent la cognition.

Noyau accumbens : situé dans les profondeurs du cerveau (limbique), le noyau accumbens, élément central du circuit de la récompense et de la motivation, est particulièrement impliqué dans les sensations de plaisir et de dépendance.

PISA : Programme international pour le suivi des acquis (système d'évaluation de la qualité des systèmes éducatifs à travers le monde développé par l'OCDE).

Psychostimulants : substances naturelles ou chimiques permettant momentanément d'augmenter ses performances cognitives.

Psychotropes : substances actives ayant un effet sur l'activité cérébrale au niveau du système nerveux central (ralentissement, accélération ou perturbation). L'alcool, le tabac, la caféine, le cannabis figurent parmi les psychotropes dits « naturels ».

Résilience : faculté d'une personne ayant subi une situation traumatique ou de stress intense à « rebondir » en sublimant sa souffrance.

Sommeil lent : partie d'un cycle du sommeil d'environ 30 minutes se caractérisant par une respiration très lente, les muscles relâchés, une absence de réaction du cerveau aux stimuli extérieurs (ondes cérébrales delta 0,5 à 3 Hz).

Sommeil paradoxal : partie du cycle du sommeil d'environ 15 minutes marquée par une forte activité électrique du cerveau avec des mouvements oculaires rapides mais une atonie musculaire du reste du corps (d'où le paradoxe). Le moment des rêves les plus intenses ! (ondes cérébrales béta 14 à 30 Hz).

Sommeil profond : phase cruciale du cycle du sommeil d'environ 30 minutes où l'organisme et le cerveau se régénèrent (récupération de la fatigue physique, élimination des toxines) et au cours duquel les informations reçues tout au long de la journée sont traitées, consolidées, et stockées (ondes cérébrales delta 0,5 à 3 Hz).

Stress chronique : niveau de stress durablement élevé dans le temps se traduisant sur le plan biologique par des hauts niveaux de cortisol et d'adrénaline dans le sang. Le stress chronique a des effets extrêmement néfastes pour la santé physique et psychologique entraînant différentes pathologies associées (hypertension artérielle, diabète, troubles digestifs, ulcères, allergies, troubles cardiaques, etc.).

Système glymphatique : système actif d'évacuation des déchets produits par le cerveau s'appuyant sur l'action des cellules gliales (cellules distinctes des neurones).

VEO : violence éducatrice ordinaire se caractérisant par le recours à des violences régulières d'ordre physique et/ou moral infligées aux enfants dans le cadre de l'éducation.

Quelques lectures et films pour mieux comprendre vos enfants

Heureux d'apprendre à l'école – Comment les neuro-sciences affectives et sociales peuvent changer l'éducation, Dr Catherine Gueguen, Les Arènes-Robert Laffont, 2018.

Vivre heureux avec son enfant – Un nouveau regard sur l'éducation au quotidien grâce aux neurosciences affectives, Dr Catherine Gueguen, Robert Laffont, 2015.

Pour une enfance heureuse – Repenser l'éducation à la lumière des dernières découvertes sur le cerveau, Dr Catherine Gueguen, Robert Laffont, 2014.

Apprendre ! Les talents du cerveau, le défi des machines, Stanislas Dehaene, Odile Jacob, 2018.

Votre cerveau n'a pas fini de vous étonner, Boris Cyrulnik, Pierre Bustany, Jean-Michel Oughourlian, Christophe André, Thierry Janssen et Patrice Van Eersel, Albin Michel, 2012.

Changer d'état d'esprit, une nouvelle psychologie de la réussite, Carol S. Dweck, Mardaga, 2010.

Le cerveau de votre enfant – 12 leçons illustrées : manuel d'éducation positive pour les parents d'aujourd'hui, Dr Daniel Siegel, Les Arènes, 2015.

Le cerveau de votre ado – Comment il se transforme de 12 à 24 ans, Dr Daniel Siegel, Les Arènes, 2018.

Les Petites Bulles de l'attention, Jean-Philippe Lachaux, Odile Jacob, 2016.

Les Bienfaits de la musique sur le cerveau, Emmanuel Bigand, Belin, 2018.

Autobiographie d'un épouvantail, Boris Cyrulnik, Odile Jacob, 2010.

Le Cerveau expliqué à mon petit-fils, Jean-Didier Vincent, Le Seuil, 2016.

Comment fonctionnent nos émotions ?, Sous la direction de Boris Cyrulnik, Éditions Philippe Duval, 2015.

De l'art d'élever des enfants (im)parfaits, Dr Patrick Ben Soussan, pédopsychiatre, Érès, 2018.

La Chrono-alimentation du cerveau, Dr Jean-Marie Bourre, Odile Jacob, 2016.

Sucre, sel et matières grasses : comment les industriels nous rendent accros, Michael Moss, Calmann-Lévy, 2014.

Déclaration universelle des droits de l'enfant illustrée, Éditions du Chêne, 2017.

Films

Le Cerveau des enfants, un potentiel infini, film de Stéphanie Brillant, Jupiter Films, 2018.

Vice-versa, Pixar-Walt Disney Company, 2015.

Quelques sites utiles de promotion de l'éducation des enfants

www.naitreetgrandir.com
www.ecoledesparents.org
www.lenfantetlavie.fr
www.supersparents.com
www.parentalite-bienveillante.com
www.awareparenting.com
www.observatoire-parentalite.com
(Observatoire de la parentalité en entreprise)
www.pepsmagazine.com
www.lipe-europe.eu
(Laboratoire d'innovation pédagogique sur l'Europe)
www.education.gouv.fr/110bislab/cid130754/
presentation-du-110-bis-lab-d-innovation-de-l-
education-nationale.html
(Lab innovation du ministère de l'Éducation nationale)
www.montessori-france.asso.fr
www.institut-sommeil-vigilance.org

INDEX

VOUS AVEZ LE POUVOIR DE CHANGER VOTRE VIE GRÂCE À VOTRE CERVEAU !

Erwan Deveze

24h dans votre CERVEAU

Comprendre ses émotions et transformer sa vie

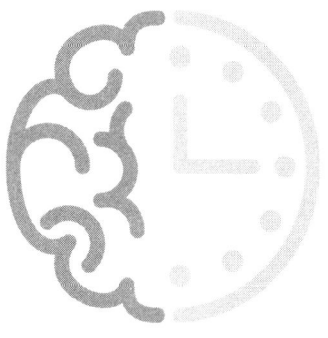

Méditation, alimentation, sommeil, sport...
Des conseils simples pour
prendre soin de votre cerveau !

LAROUSSE

Composition et mise en page
Nord Compo à Villeneuve-d'Ascq

LAROUSSE s'engage pour
l'environnement en réduisant
l'empreinte carbone de ses livres.
Celle de cet exemplaire est de :
900 g éq. CO_2
Rendez-vous sur
www.larousse-durable.fr

PAPIER À BASE DE
FIBRES CERTIFIÉES

Achevé d'imprimer en Italie par Grafica Veneta S.P.A
Dépôt légal : avril 2019
322403/01 – 11039225 – mars 2019